JN258123

はじめに
片づけられなかった私が見つけた簡単！　整理整頓のコツ

「部屋が汚い女性は、たいていカバンの中も汚い。

さらには自分のビジョンも混沌としている」

これは、ミス・ユニバース・ジャパンでナショナル・ディレクターを務めたイネス・リグロンさんの教えです。

いつも持ち歩いているアイテムやプライベート空間には、いつわりのない「ありのままの自分」が反映されているという話ですが、彼女は、ご自身が出会ってきた多くの女性から、この結論を導き出しました。

私がこの言葉を耳にしたのは、ちょうど片づけについて学びはじめた頃でしたが、「カバンの中が散らかっている人は部屋も散らかっている」ということに、とても説得力があるなと思いました。

それから十数年がたち、いま私は、「美収納コンシェルジュ」として、美しい住まいづくりのお手伝いを仕事としています。お客様のご自宅を訪問してのカウンセリング、収納セミナーなどを含めると、これまで４０００人を超える方々から、片づけ・収納に関する悩みを聞き、アドバイスをさせていただきました。

ところで「片づけ」ということになると、多くの皆さんが同じことを言われます。

「部屋を片づけようと思っても、やりはじめたらキリがなく、結局ものを出しただけで、疲れて終わってしまう……」

そこからがんばって一旦はキレイにしても、その状態をキープできない――これはとても残念なことです。

片づけは、そんなに大変なことでしょうか。

ここで少し、あなたの子どもの頃を思い出してみてください。

自分の手で初めて「おかたづけ」をしたのは、おもちゃ箱や絵本、ランドセルの中だったと思います。

片づけは「小さくて、身近なところから始める」というのが基本です。

さらにつけ加えると、ものを保管する方法や収納する方法など、「片づけ・収納のやり方」を順に学び、小さな場所から実行することで、どんな空間も美しくすることができるものなのです。

私たち大人なら、どうでしょうか。

いつも持ち歩くカバンこそが、「小さくて、身近なアイテム」ですよね。

そこで、「まずはカバンの片づけからスタートしよう」というのが、この本でお伝えしたい片づけの最初のポイントです。

カバンの中には、面白いほど持つ人のクセが表れます。

そこにはあなたの生活が凝縮《ぎょうしゅく》されています。

カバンの片づけは、自分自身に気づくチャンスなのです。

自分を知り、カバンの中を美しくするやり方を学び、短い時間で集中して片づける。これができたなら、部屋の片づけ・収納もカンタンにクリアできます。

この本では、前半ではカバンと部屋の片づけ・収納について、具体的なやり方をお伝えしていきます。後半では事例とともに、片づけ・収納のコツをご紹介していきます。

「園藤さんは、もともと片づけが得意なんですよね？
だから、いま仕事にもなって、人前で話すこともできるんですよね。
私は何をどうやったらいいのか、それすらもわからない。
もともと片づけが得意な人には、私の気持ちはわからないでしょうけど……」
あるとき、セミナーに来た受講生から、こんなことを言われました。
「それは違います！」と私は心の中で叫んでいました。

いまでこそ「美収納コンシェルジュ」として、多くの方々の相談や悩みにお応えすることを仕事としていますが、私はかつて「汚部屋《おべや》の住人」でした。ゴミに覆《おお》われ、床も見えないような状態の部屋で暮らしていました。

初めての出産後、産後の肥立《ひだ》ちが悪く、体調を崩し、産後うつになりました。

子どもが外で遊びたがるようになっても、外に出る気力が湧かず、家に引きこもる毎日。

当時は長い長いトンネルの中にいるようでした。

「ここからいつ抜け出せるんだろう？」

「いつになったら外に出られるようになるんだろう？」

「朝なんて来なければいいのに……」

気持ちがすさんでいくにつれて、部屋も荒れていくのを見ながら、どうにもできない現実に毎日泣いていました。


片づけようと思っても、気力が湧かないのです。

朝起きて、専業主婦なのに、朝ごはんの片づけができないのです。ゴミを集めることもできない、汚れもホコリもたまっていくばかり。そんな汚部屋で、３年間を過ごしました。


片づけの仕事をしているのに、汚部屋出身だなんて……最初は恥ずかしくて、誰にも言えませんでした。

けれども、片づけられない苦しさを知っているからこそ、どうすれば片づけられるようになるのかを追求してきたといっても過言ではありません。いまは、セミナーなどでお話しするときなどは最初に、「私は元汚部屋出身です」と言うようにしています。

「片づけが苦手」という人は、決して片づけられないのではなく、片づけの方法を知らないだけなんです。そのことを証明したくて、私はいまの仕事をしているのかもしれません。

さて、汚部屋から脱出するために、私がいちばん最初にしたことは、

「小さい場所を片づける」

ということでした。

5分程度で片づけ終わる場所から、片づけはじめたのです。それなら、心の負担になりません。

まず手をつけたのは、ダイニングテーブル。

それまでテーブルの上は、いろんなものの吹き溜まりとなっていましたが、「寝る前はものを何も置かず、キレイに片づける」ということに決めました。

自分は「片づけが下手なんだ」と思っていましたが、「テーブルを片づけるだけ」としたら、何とか私にも続けられました。

すると、次は洗面所、その次は冷蔵庫というふうに、まるでゲームを攻略していく感覚で片づけできる範囲が増えていきました。

家の中のキレイな場所が増えていくと、「自分にもできるんだ」と自信が湧いてきました。そうして挫折《ざせつ》することなく、気づけば家中がピカピカになっていました。

部屋がキレイになっていくとともに、「私はだらしないから、何をやってもうまくいかない」という思いが、「私でもやればできるんだ！」という自信に変わっていきました。

「片づけは、心の負担にならない小さい場所から始めるとうまくいく！」

これが私の行きついた結論です。

ところが、セミナーの受講生の中には、ダイニングテーブルを片づけるのも、「まだハードルが高い」という人も少なくありませんでした。

そこで、家族のものが関わらない、いちばん身近な、カバンから始める片づけをすすめてみることにしました。

カバンなら、その場でキレイにできます。

そして効果もわかりやすく、片づけの準備体操にもなります。

毎日持ち歩いているものが、キレイになれば、使いやすさや「キレイ」の気持ちよさを体感できます。

家に帰って、「よし、こんどは部屋を片づけてみよう」というモチベーションにもつながります。

カバンの片づけをすすめるようになってから、びっくりするくらい、セミナー後の皆さんの目の輝きや反応が変わってきました。

そうした方たちに、自分が少しでも役に立っているというのが、いまの私の喜びであり、誇りです。

汚部屋出身だということがとても恥ずかしかったのですが、その経験があるからこそ、片づけで悩むみなさんの気持ちにも共感できる。そして、わかりやすいコツもアドバイスできると思えるようになりました。

『誰でも、カンタンに』――これこそ、私が何よりも大切にしてきたことです。

本書を手に取り、読んでくださった皆様が、「片づけがこんなにカンタンにできた！」「人生が変わった！」と感動を味わい、さらにハッピーな人生を拓いていく。そのお役に立てれば、これ以上の幸福はありません。

目次

Chapter 2

コツを覚えて実践！ カバン整理術を「部屋」に生かす

Chapter 5

書類と紙をため込まない！ファイリング

おわりに

部屋を整理したら、心も体も一緒にスッキリ整った

Chapter 1

まずは片づけの準備体操！
カバンを整理する

Bag

9割の人が間違えた！カバン整理に多い落とし穴

支払いのときにカバンをガサゴソ、財布《さいふ》が見つからない、ポイントカードが見つからない、家に帰ってきたのに鍵が見つからない……。

「私ってなんでいつもこうなの？……
うわっ！　カバンの中が汚《きたな》い。たまには片づけなきゃ」

飛び出しているお菓子を袋にもどし、飲みかけのペットボトル2本を捨て、転がっていたボールペンを手帳にさし、使うかもしれないおしぼりをティッシュの近くにＩＮ。

「はぁ〜、これでキレイになった。よし、カバンの片づけ終了！」

そう、これで一瞬は片づいたように見えます。

でも、ほんとうにキレイになってる？　使いやすくなってる？

カバンの整理というと、ほぼ9割の人が、とりあえず、カバンの中を上からのぞきこみ、ゴミを出し、中身を適当にそろえる、というふうにしています。

でも、そのやり方では、ほんとうの意味での片づけにはなっていません。

それは、残念ながら、「表面的な片づけ」です。

ですから、2日もすれば元にもどり、支払いのときにまた、カバンをガサゴソ、財布が見つからない、ポイントカードが見つからない、家の鍵が見つからない……を繰り返します。

そろそろ、こういう表面的な片づけはやめませんか？

カバンを整理する

Step 1

自分の収納グセを「知る」

カバンは小さいですが、とても身近なアイテム。毎日使うので、面白いほど持つ人のクセが表れます。

そこには、あなたの生活スタイルが凝縮されているといっても過言ではありません。

たとえばこんなクセはありませんか？

- □ なんでもとっておく
- □ いつか使うかもしれないと、とりあえず入れておく
- □ 季節が変わっても、前のシーズンのものを入れっぱなし

□ 仕事とプライベートで使うものの区別がつかない
□ 自分に必要かどうかわからないけど、とりあえず入れておく
□ ただでもらえるものは必ずもらって入れておく
□ ダイエットしたいと言いながら、お菓子をたくさん入れている
□ 飲みかけ食べかけのものを入れっぱなし
□ 小分けのものが袋から出ている
□ 書けないペンが何本も入っている
□ あとで見ようとDMを入れている

こうしたことは、すべて無意識にやっていることなんです。

カバンの中の状態と、お部屋の中の状態は同じです。

お部屋の中の汚さに慣れてしまうと、カバンの中の汚さに気づかなくなります。「汚《よご》れている」という状態が日常化していると、感覚が麻痺《まひ》してきます。

おそらく部屋の中でも「アレがない、コレがない」と、いつも何かを探してまわっているのではないでしょうか。

私は、カバンの中が汚いのに、お部屋がキレイという人に、まだ会ったことがありません。そのくらい、カバンの中には偽《いつわ》りのない、持つ人のクセや生活状態が表れてしまうのです。

あるインターネットニュースで、「清潔感がない女性の特徴は?」という質問で男性にアンケートをとったところ、「カバンが汚い」という項目が上がっていました。

理由は、

「カバンの整理整頓ができていないと、家も散《ち》らかっているだろうと想像してしまうから」

「カバンが汚れている人は、たいてい仕事ができないから」

「ふだんの生活でも片づけられないような気がするから」

「カバンには、その人の性格が表れると思うから」

男性の意見はかなりシビアです。カバンの中がグチャグチャな女性は、きっと部屋も汚いんだろうと、想像させてしまうんですね。

どんなに外見をキレイに着飾っても、流行のメイクをしても、グチャグチャのカバンの中が見えた瞬間、１００年の恋も冷《さ》めてしまいます。

じつは、片づけというのは、カバンでも、お部屋でも、やり方はまったく同じなんです。散らかった部屋をいきなり片づけようとすると、状況によっては数日かかることもありますが、範囲の狭《せま》いバッグの中の片づけなら、かかっても30分くらい。この時間の短さが、心の負担を軽くし、ちょっとやってみようかなと、ハードルを下げてくれます。


カバンの片づけを通して得られる利点は、３つ。
（1）片づけ全体の流れを理解できる
（2）自分の棚卸《たなおろ》しができる
（3）キレイの気持ちよさを味わえる

１つずつ見ていきましょう。

（1）片づけ全体の流れを理解できる

片づけをやみくもにやると、いま自分が何をやっているのかわからなくなり、終わりが見えず、途中で投げ出してしまうことが多いものです。まずは、狭い範囲を片づけることで、片づけ方、全体の流れがわかります。

（2）自分の棚卸しができる

カバンの中を整理すると、自分には、どういうクセがあるのかがわかります。

カバンの中に、パッと放り込んだまま、そのままになっているものはありませんか。いらないものを片づけることで、見違えるようにカバンの中はスッキリします。

とりあえずとっておくクセ、いつか使うかもしれないと何でも持ち歩くクセ、無料のものを必ずもらうクセ。カバンの中には、あなたの生活状態が表れますので、ものに対するクセを知ることができます。

（3）キレイの気持ちよさを味わえる

カバンは毎日使うものなので、「こんなに使いやすくなるなんて、キレイにしてよかった！」というキレイの気持ちよさを味わえます。

この気持ちが芽生《めば》えると、元の状態にはもどしたくなくなります。そして次々と、いろんな場所が気になりはじめ、自分の部屋でも試してみたい！　と、キレイにしたい範囲が広がっていきます。

このように、「カバンの片づけ」という準備体操をすることで、片づけに対する苦手意識がなくなります。

カバンを整理する

Step 2

すべてのものを「出す」

では、具体的にカバンの片づけをどうやったらよいのか、次のステップに進みましょう。

まず、カバンの中に入っているものをすべて出してください。

すべてです。

よく、上からカバンの中をのぞきこみ、右から左にものを移動させるだけの人がいますが、それでは意味がありません。

少し広いスペースを使って、持ち物を全部出してみます。

こうすることで、全体の総量がわかります。

ふだん何を持ち歩いているのか、何が入っているのかを自分の目で見てください。

ずっと探していたものや、いつ入れたかわからないようなものが、発掘されることがよくあります。

「家中探しても探しても見つからず、もうあきらめかけていたUSBが、カバンの中を片づけているときに出てきました！」という人もいました。

人にはそれぞれ思考や行動にクセがあります。カバンの中身で見えてくる、自分のクセを知りましょう。

片づけ下手《べた》な人に多いのは、「あとまわしグセ」です。

□ あとで整理しようと、とりあえず入れる
□ あとで見ようと、DMを入れっぱなし
□ あとでまとめて捨てようと、レシートがたくさん
□ あとでいいやと飲みかけ、食べかけのものを入れっぱなし

無意識のうちにやってしまっていること、それが「クセ」です。

カバンの片づけは、こういう自分のクセを知り、それを断《た》つ絶好のチャンスです！

あなたも心当たり、ありませんか。

□ カバンに大量のものを詰め込んでいる

カバンの大きい小さいにかかわらず、「カバンの中に何が入っているのかわからない」という人は多いです。仕事道具や子どものオモチャがグチャグチャに入っていて、毎日重い荷物を持って移動。カバンの中のものを出して初めて、自分がいらないものを大量に入れていることに気づく人が少なくありません。

□ 人には見せられない

私のセミナーでは、参加者の皆さんに、まずは「カバンを机の上に出してください」とお願いします。そうすると、必ず「いやー！」「見せられない」「恥ずかしい！」という声が飛び交《か》います。それだけ、カバンの中が汚いことには自覚があるということです。

他の人の目にも触れるセミナーでは、それを強要することはありませんが、自分でやるときは、実際に出してみて、「人には見せられない現実」をあらためて確認しましょう。

□ 自分が何を持ち歩いているかを把握《はあく》する

春も終わりだというのに、防寒用の手袋が入っていたり、飲食店でもらうおしぼりが何個も入っていたり、ずっと探していたＵＳＢや、昨日から入れっぱなしのお弁当箱が出てきたり……カバンの中のものを出すことで、自分が何を持ち歩いているのかを把握できます。

カバンを整理する

Step 3

ほんとうに必要なものだけを「選ぶ」

次に、目の前に広げたものの「いる・いらない」を決めます。

ここで大切なのは、いらないものをただ処分するということではなく、自分にとって、ほんとうに必要なものだけを選ぶということです。

いまの自分にとって必要なものがわかれば、カバンの中に余計なものを入れなくなります。そして、いつでもキレイに、効率よく、中のものを取り出せます。

カバンというのは、あなたのものしか入っていない小さな場所なので、家や会社と違って、人のものや共有しているものの「いる・いらない」を考える手間が省《はぶ》けます。

そして毎日持ち歩くので、これからも使っていきたいものを選びやすいのです。

【毎日必要なもの】＊空欄には、あなたが必要なものを加えてください。

□財布
□ケータイ・スマホ
□手帳
□筆記具
□ノート
□定期券
□鍵
□ポイントカードケース
□ハンカチ・ティッシュ
□化粧ポーチ
□

【毎日必要ないもの】

- □季節はずれのグッズ
- □食べかけのお菓子
- □飲みかけのペットボトル
- □おしぼり
- □ビニール袋
- □ＤＭ
- □カード会社明細
- □入れっぱなしのお弁当箱
- □返却予定のＤＶＤ
- □先々月から入れている雑誌
- □シワシワのハンカチ
- □レシート
- □書けないペン

さあ、どうでしょうか。あなたのカバンの中にも、「毎日必要のないもの」が入っているのではないでしょうか。

それをチェックすることで、思いもかけない自分のクセに気づくことがあります。参考までに、私のセミナーでカバンを整理してみた方たちの感想をご紹介します。

「自分にとって必要なものって案外少なくていいんだと実感しました。財布とケータイさえあれば、どんなところにでも行けます。なんでこんなことに気づかなかったんだろうと驚いています」

「前は、カバンの中のペンを探して見つからなかったら、すぐコンビニで買ってました。必要なものだけを選んでスッキリさせたら、中のものを見つけやすいので無駄な買い物をしなくなりました」

「必要ないものをたくさんカバンの中に入れていたので、びっくりです。おしぼりとか、書けないペンとか、明細とか、レシートとか必要ないですよね。何も考えず、とりあえずカバンに突っ込んでました。必要なものだけが入った、シンプルなカバンの中をキープしていきます」

毎日必要なもの、必要でないものは、人それぞれ、職種やライフスタイルによっても違ってくるでしょう。

自分にとっては何が必要なのか、必要でないのかを吟味《ぎんみ》してみることが大切です。

カバンを整理する

Step 4

取り出すシーンを考えて「もどす」

自分の利き手やカバンの持ち方などを考えて、いちばん取り出しやすい場所にものを配置します。

たとえば、次のように持ち物を入れていきます。

① カバンの片側にノート類を入れて立てる

↓

② その次に財布・ポイントカードケース・ケータイ・名刺入れをポーチ1（バッグインバッグ）に入れ、ノートの横にもどす

↓

③ハンカチ・ティッシュ・絆創膏《ばんそうこう》・薬はポーチ2（バッグインバッグ）に入れて、その横にもどす

↓

④次に化粧ポーチを入れる

場所が決まれば、あとは「出したら、もどす」を繰り返すだけ。

人によって、ものを出す流れは違います。自分にとっての取り出しやすさを考えると、自然と置く場所が決まります。右利きの人と左利きの人ではもちろん、取り出しやすさも違います。カバンの中を自分が使いやすいように、カスタマイズする感覚です。

買い物で財布とポイントカードを出し、支払いが終わったらポーチ1の中へ。ハンカチで手をふいたら、ポーチ2へ。ノートを使ったあとも、適当に入れず、片側に立てる。

片づけの順番は、出す→選ぶ→もどす

そう、たったこれだけなんです。

「いままでとにかくバッグにいろんなものを詰め込んでいました。効率を考えて入れたことなんてなかったので、『取り出すときを考えた配置』という言葉が新鮮でした。でも、やっぱりそうですよね。いつもガサガサ、バッグの中をかきまわすのは、取り出すときを考えていないからだとわかりました。すごく勉強になりました」

「いつもスマホが鳴っても、どこにあるのかわからないので、取れないことが多かった。出すことまで考えたことがなかったので、ここが私に足りなかったんだと反省。今日からスマホが鳴っても、すぐ取れるようにしたい！」

いずれも、実際にカバンを整理してみた方の感想です。

「出したら、もどす」――それを習慣にするだけで、もうカバンの中が迷宮でなくなります。

カバンの片づけ

【Before ─ After】

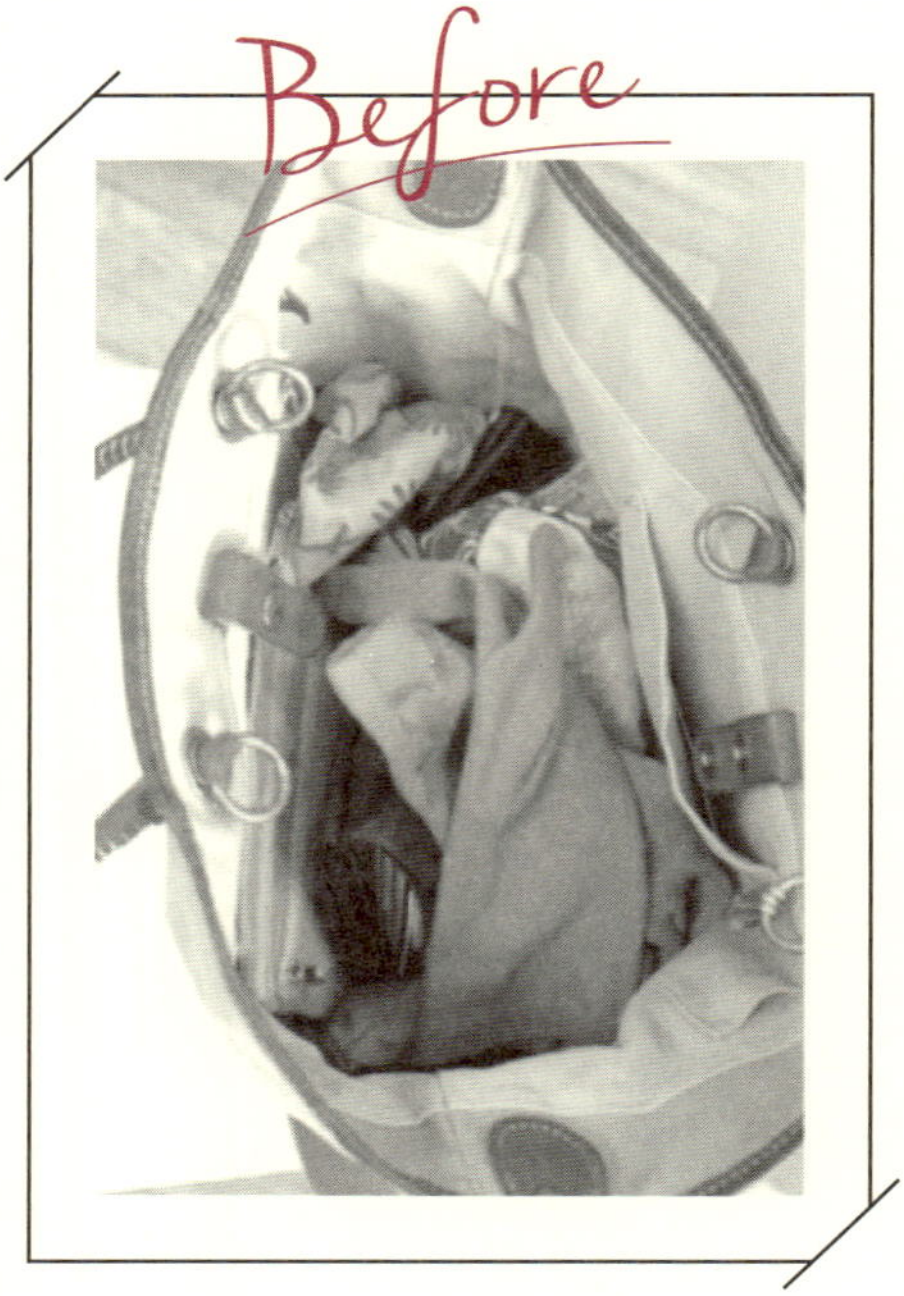

30代既婚女性

「カバンの中には何が入っているのか
自分でもよくわからない」とのこと

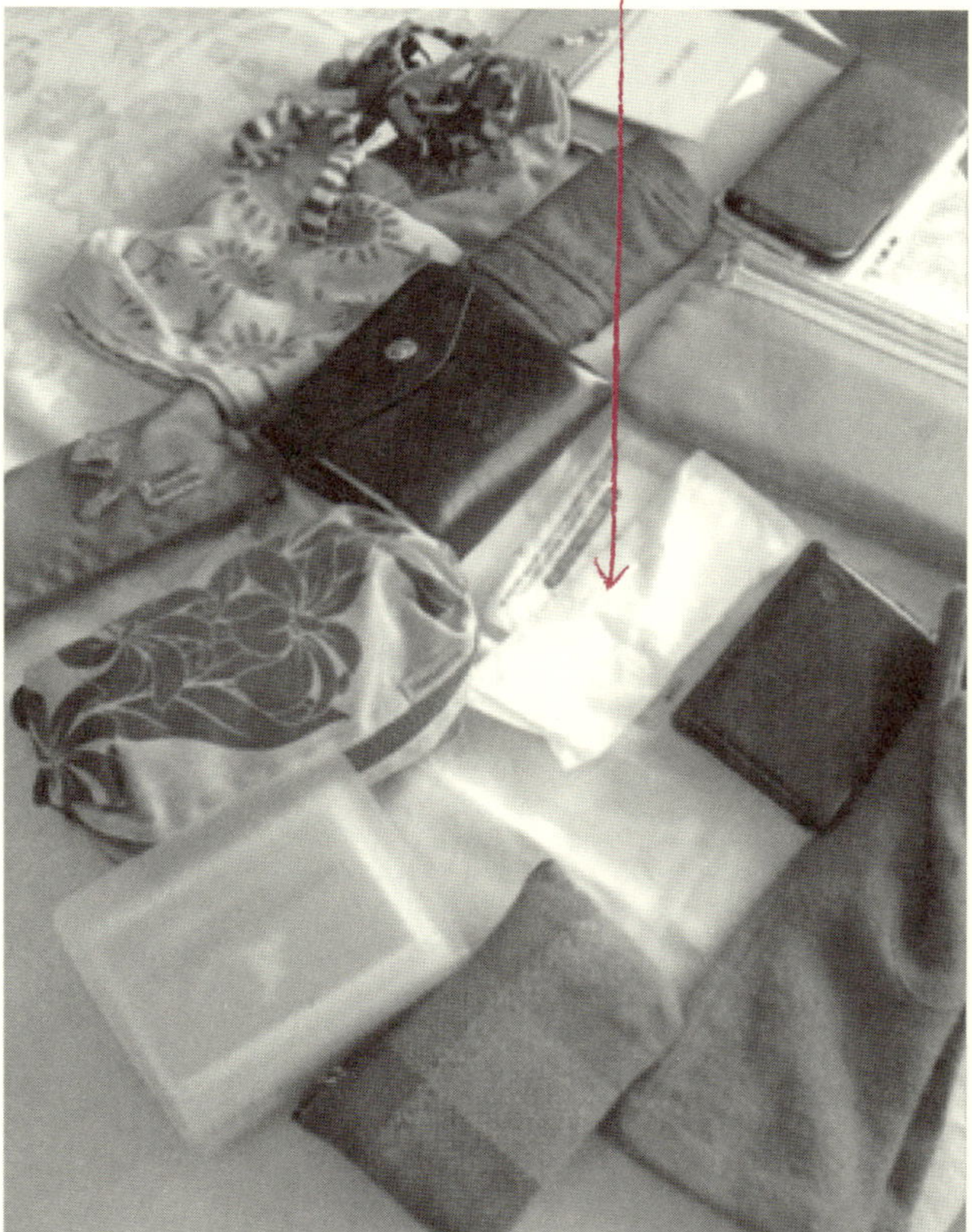

（1）カバンの中のものをすべて出してもらう

中にはカピカピに乾いたおしぼりがたくさん！
ずっと探していたUSBを発見！

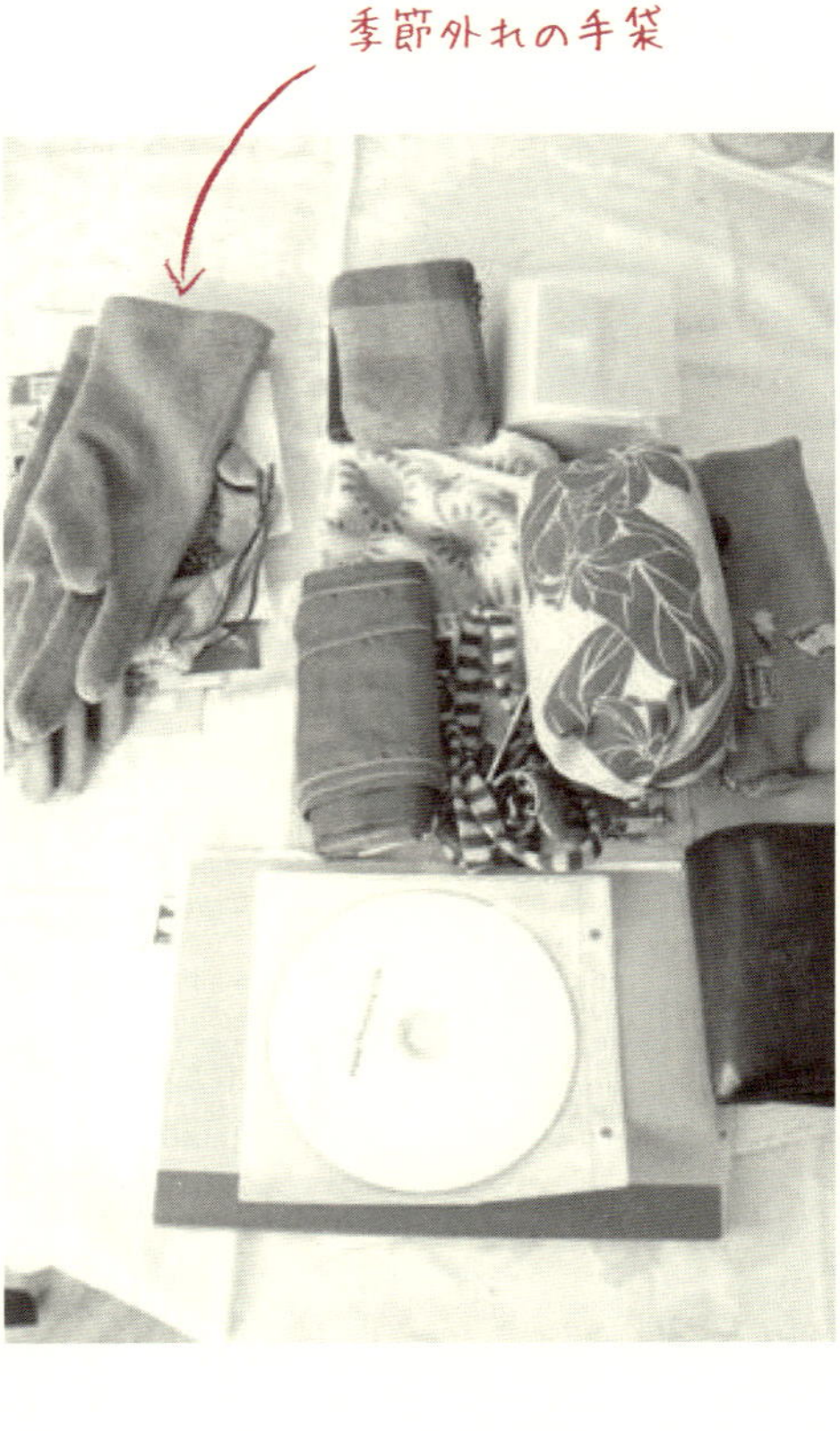

（2）左がいらないもの、右が必要だと選んだもの

4月も半ば過ぎなのに、手袋がまだ入っている。

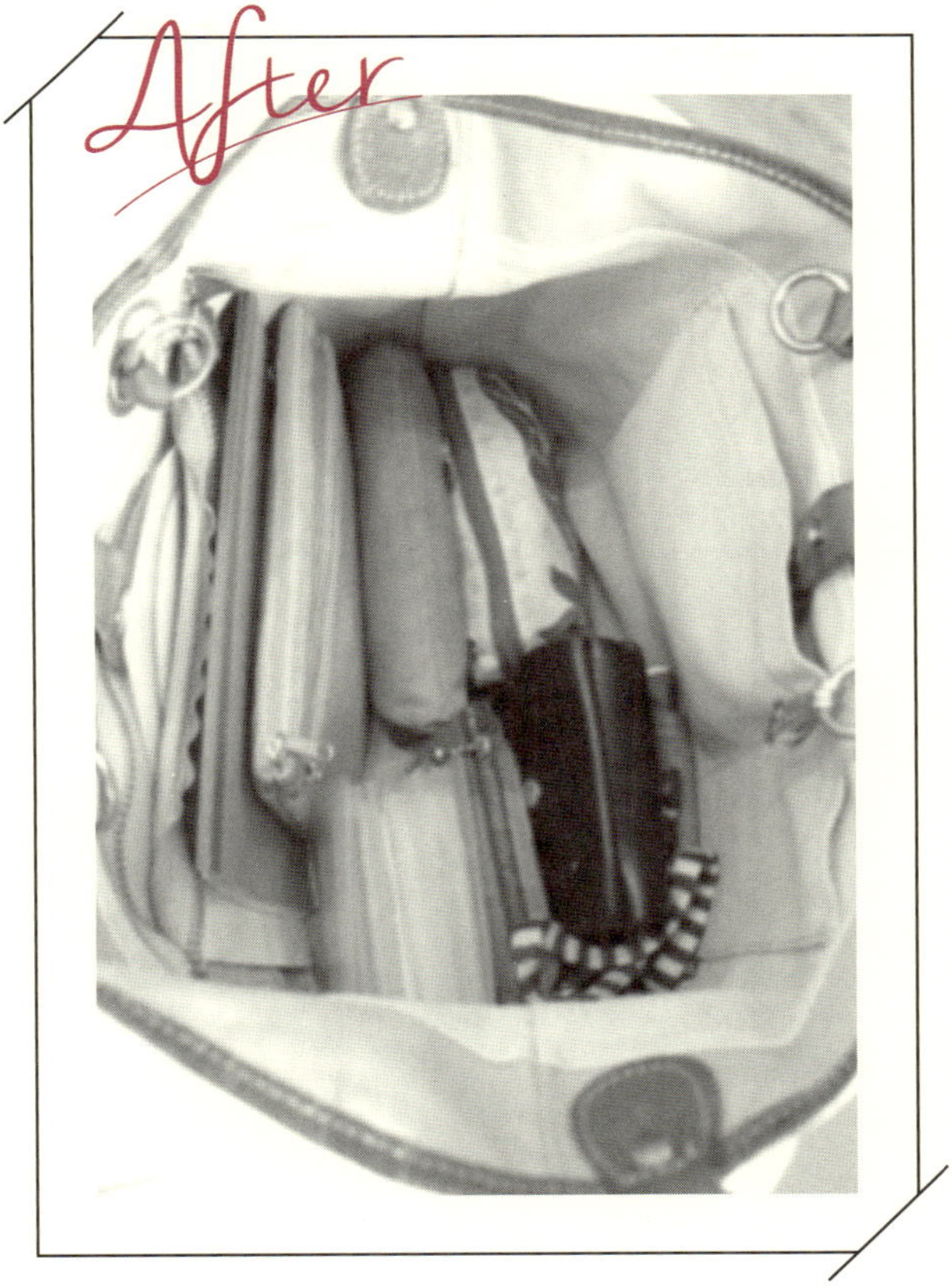

（3）何がどこにあるのか一目でわかり、
よく使うものがすぐに取り出せるように配置

カバンの片づけ

【Before ― After】

体験された方の感想

「私は、こんなにいらないものばかり詰め込んで歩いているんですね。

おしぼりが必要かもといくつも入れていたけど、カピカピでもう使えないものばかり。ずっと探していたUSBも出てきてびっくり！　レジでいつもお財布やポイントカードを探していたけど、こんどからスムーズに会計できます。

ないと困るかもと、とりあえずなんでも入れておくクセがあるようです。

すごくすっきりして気分がいい!!

カバンをきれいにするだけで、こんなに気持ちって上がるものなんですね。教えていただいてありがとうございました。お部屋の片づけも、この勢いで手をつけます」

Chapter 2

コツを覚えて実践！
カバン整理術を「部屋」に生かす

Room

「自分の手でできた！」美カバンの自信をお部屋に応用

カバンの中はキレイになりましたか？

まずは1週間、自分のクセに気をつけながら、カバンの中のキレイな状態をキープしましょう。

1週間たつと、家の中のいろんな場所が気になりはじめます。

「あれ？　なんか汚い」

「使っていないものばかりがあるじゃない」

「ここも、なんだか散らかってるわ……」

これは、カバンの片づけを通して、キレイの気持ちよさを実感したからなんです。

あなたは、自分の片づけグセがわかりました、そして片づけの流れもわかりました。

次はいよいよ、このやり方をお部屋に応用させましょう。

やり方はいたって簡単。

(1)まずは「出す」
(2)次に「選ぶ」
(3)ものの「住所を決める」
(4)ものを「もどす」

この繰り返しです。

それを図で表したのが次頁の「美収納ピラミッド」です。

美収納の基本は、ピラミッドの一番下、「出す・選ぶ」からスタートします。

美収納ピラミッド

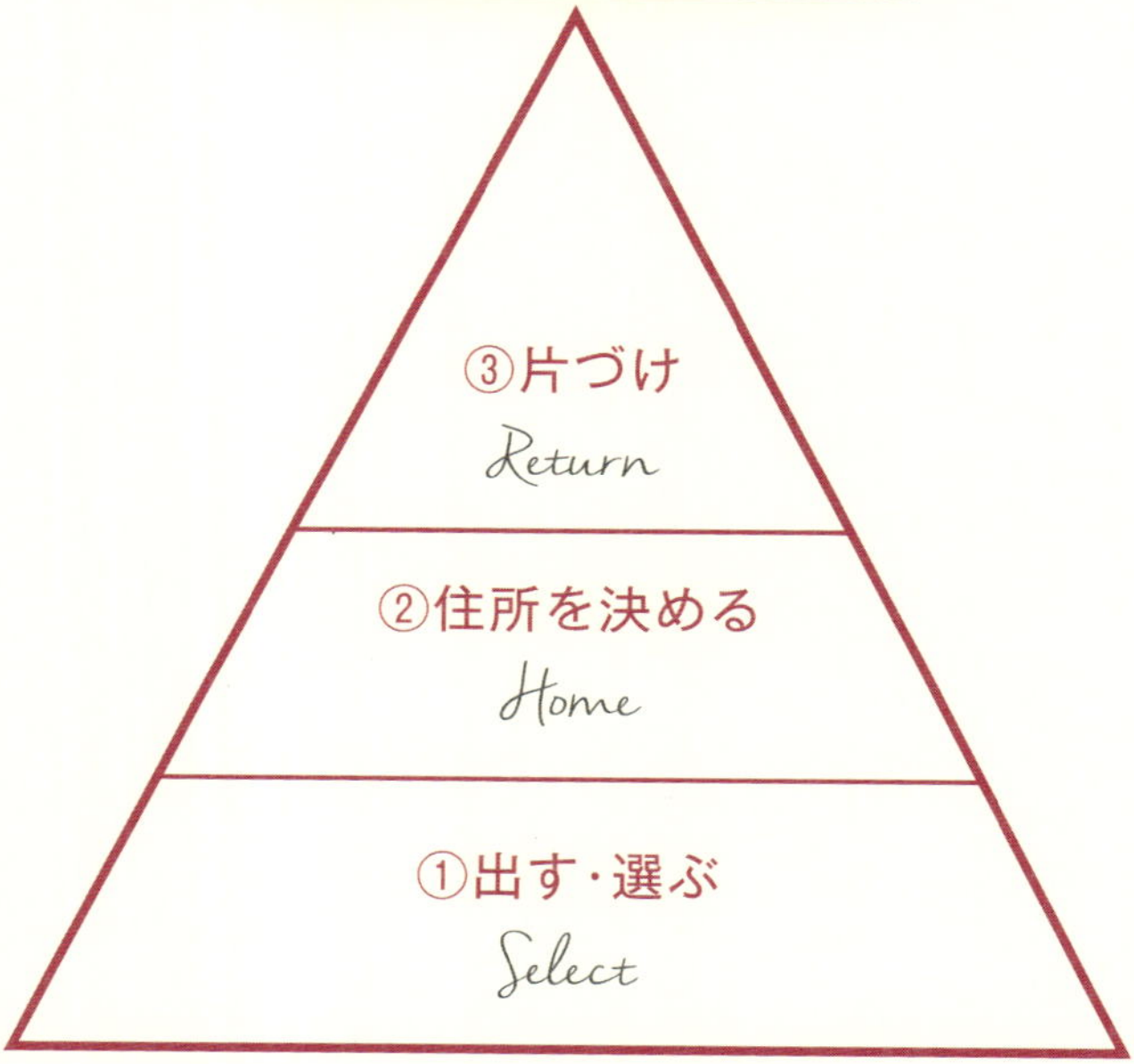

③使ったら元にもどす（Return）

↑

②ものに住所を決める（Home）

↑

①すべてを出してから自分にとって必要なもの、
必要でないものを選ぶ（Select）

簡単！片づけ術

Step 1

まずは「出す」

たとえば引き出し1つ分をキレイにする、としましょう。

引き出しから、すべてのものを出してください。

何がどのくらい入っているのか、総量を知るためです。それをしないと、いつまでたっても自分の持っているものを把握できません。

よく、すべて出さないまま、右から左にものを移そうとする人がいますが、結局同じところにもどしたり、同じものを何度も手にとったり、一日何をしたかよくわからないまま、時間だけが過ぎてしまうことが多いです。

「なんで、こういうものをとっているんだろう？」――思わず首をかしげたくなるものもありますよね。

それはおそらく、「あとでやろう」「あとでゆっくり見よう」と、あとまわしにしてきたものたちです。「なんでこんなものが？」と思った時点で使ってもいないし、それが必要ないものであることがわかります。

同じようなものを、いくつも持っていることも多いです。

これも、自分の持っているものを把握していないからです。

似たようなものは1つか2つでよいはず。同じようなものが溢《あふ》れ、ほんとうに使いたいものが取り出しにくいというのでは、本末転倒《ほんまつてんとう》です。

キッチン収納を依頼されたお客様の例を紹介します。

まず、ブルーシートを敷いて、その上にキッチンシンク下に入っているものをすべて出しました。

「強烈ですね、私、こんなにものを持っていたんですね」と、驚かれていました。

「使いたいものが見つからないと、またすぐ買ってきてしまうので、どんどんものがたまっていく。気がついたら、こんなにキッチン用品をため込んでいたなんて……うちは収納が少ないから片づかないと思ってましたが、私がたくさんのものを持ちすぎていたんですね。全部出してみて、初めて気がつきました」

別のお客様から、押し入れの片づけ収納を依頼されたときのことですが、そのお家の押し入れから、大量の美容グッズや、たくさんのレシピブック、夜中の通販で購入したエクササイズグッズ（飽きてしまって、まったく使っていない）、昔ハマっていた趣味の道具などがザクザク出てきました。

こういう人の特徴は、いつかこの美容グッズを使って痩せられるし、料理上手にもなれるはず、と思っていること。

道具を買ったり、持っているだけで満足してしまう。

そして、また次のことに興味が移り、買ったもののことは忘れてしまう。

そういうものは、たいてい押し入れの奥に押し込まれているので、カバンやキッチンと同じように、押し入れからすべて出し、何を持っているのかを、あらためて確認し、いままでどれだけの無駄を生んでしまっているのかを、きちんと把握することが大事です。

Step 2 次に「選ぶ」

全部を出したあと、次は自分にとって必要なものと必要でないものを選びます。

ここでよくやってしまうのは、捨てることだけに集中してしまい、ゴミ袋に、あと先考えずに「アレもいらない」「コレもいらない」と、とにかく詰め込む行為です。

こういうときは、ゴミ袋の数を重視しがちです。たいてい「ゴミ袋5袋分捨てたわ！」という「ランナーズハイ」ならぬ、「捨てハイ」な発言をします。

何もかも捨ててしまうと、その一瞬はスッキリしてとても気持ちがよいのですが、あとあと、「あれはやっぱり捨てなければよかった」「思い出があって大事なものだった」と後悔することが少なくありません。

そして、収集前に玄関に出しておいたゴミ袋を、廊下を通るたびに目で追い、もしかしたらまだ使えるんじゃないかしらと、結局ほとんどのものを元にもどしてしまいます。

決して捨てることを、いちばんの目的にしないでください。

「いる・いらない」は、ほんとうに大切なものを、自分自身の価値観で決めるための行為です。目的意識をきちんと持っていないと、片づけの方向性がぶれてしまいます。

誰かほかの人の基準ではなく、あなた自身の基準で選んでください。

ぎっちりものが詰まった場所では、ものどうしが重なり合って、洋服だとシワシワになってしまいます。思い出があるので大事にとっていると言いながら、服がすぐに着られる状態で保管できていないのです。

あなたにとって、大切なものを選び、それをいつでもキレイな状態で保管しておくことも、片づけの大事な目的です。

そうは言っても、「いる・いらないの基準がわからない」「まったく先に進めない」という人のために詳しく説明します。

それでも何を選んだらよいかわからないとき

いる
見たとたんに
必要とわかるもの

迷っている
必要ではないけど
捨てられないもの

いらない
長いあいだ使っていない、持っていることすら覚えていないもの

使っている
この1年で着た服、
食卓に並んだ食器

使っていない
1年以上も使っていない、いつ使ったのか記憶にない

- 過去1年が基準
- 現在進行形で考える
- 「いま」使っているか
使っていないかで判断する

引き出し1つ分を整理するときに、紙袋を3つ用意します。その3つを、①「いるもの袋」、②「いらないもの袋」、③「迷っているもの袋」として、それぞれものを入れていきます。

①の「いるもの」は、よく使うので、見ただけで必要とわかるものが入ります。

②の「いらないもの」は、「長いあいだ使っていないもの」「持っていることすら覚えていないもの」「それがなくても十分生活できているもの」が入ります。

最後に、③の「迷っているもの」。おそらく、これがいちばん多いのではないでしょうか。ここには、「必要ではないが捨てられないもの」が入ります。

こんどは、それを使っているのか、使っていないのかで分けていきます。使っているものだと、この1年以内に使ったものは、「いるもの」になります。日本は四季があるので、年に1度の行事がたくさんあります。なので、年に一度でも使っているものはOK、になるわけです。

使っていないものの基準は、「1年以上使っていないもの」「いつ使ったか記憶にないもの」「前の引っ越しのときに封をしたまま、次の引っ越し先にも持っていこうとしている段ボールの中のもの」などは、それがなくても4～5年は暮らせているので、もう「いらないもの」と判断してください。

ここで大切なのは、使っているか、使っていないかを「現在進行形」で考えるということです。

「いつか使うかも」「また使うかも」というのは、未来に対する不安であり、「思い入れがあるから」「高かったから」というのは過去に対する執着です。

1年先でさえ、どんなことが起こるか誰にもわかりません。それなのに未来におびえ、過去に執着するということは、いまをしっかり生きていない証拠です。

いまの原因は過去にあり、未来の原因は、いま現在にある。

いまを大切に考えられないと、いつまでたっても悪循環。負のスパイラルを断ち切れません。現在進行形でしっかり、いまの自分にとって必要なものを見極めていくことこそ、後悔しないためのよりよい生き方です。

自分にとって、ほんとうに必要なものがきちんと入ってくるようにするには、まずは空間をあけること。使っていないもの、執着しているものを先に出してしまわないと、必要なものは入ってきません。

これは、もの、お金、人とのご縁、すべてにおいて言えることです。

お客様との片づけ作業で、「これはどうしますか？」と洋服について聞くと、「どうしたらいいんだろう？」となかなか決断できない人も、一度スイッチが入ると、こちらが大丈夫かしらと心配するくらいの勢いで、「あ、ずっと着てないのでもういいです」「それも、もういいです」とジャッジできるようになります。

もう着ていないし、似合わなくなっていることに、うすうす気づいていたのかもしれません。片づけという作業を通して、背中を押されて、ものと別れる決断をしているのでしょう。

自分の基準で選んだ、大切なものたちに囲まれた暮らしというのは、何よりも贅沢《ぜいたく》だと思いませんか。

ものが多ければ多いほど豊かになったような気がするのは、ただの幻想《げんそう》。ものに生活空間を占拠《せんきょ》されながら過ごすことが、真の心の豊かさにつながるでしょうか？

それよりも、少ないながらも、厳選したお気に入りのものや大切なものたちに囲まれた生活のほうが、私は精神的にとても豊かだと思います。

ものに支配されない生活を、皆さんにもぜひ味わってほしいのです。

「片づけをしよう！」と思い立ったら、女性はまず収納用品を買いにいきます。

自分が何を持っているのかもわからず、ものも減らさず収納用品をただ購入しても、容易にものは収まりません。片づけ前に収納用品を決して買わないでください。

便利そう、使いやすそう、きっとあの場所にピッタリ合うに違いないと購入したものの、サイズが合わず、使いにくくて結局放置する収納用品を増やすだけです。

まずは、ものをすべて出し、「いる・いらない」を決めることが、最初にやるべきことです。

簡単！片づけ術 Step 3
ものの「住所を決める」

自分にとって必要なものだけを選んだら、こんどはものに帰る場所（家）を決めてあげます。帰る場所がなければ、いつまでもフラフラして、ものも落ち着きません。

場所を決めるときは、自分がどういうふうに使っているのかをシュミレーションしながら、取り出しやすく、しまいやすい場所を決めます。

何をどこに置いたらよいのかがわからないと、悩んでいる人も多いでしょう。

バッグの片づけでも実践したように、たとえば定期券がどこにあると取り出しやすいのか、毎日の行動を考えると、自分なりの定位置がわかってきます。

定期券と財布が一緒のほうがいいのか、定期券とポーチが近くのほうがいいのか、その人のライフスタイルで変わってきます。

まずは、狭い場所、カバンで定位置の決め方を練習してください。

取り出しやすさの感覚を知ってください。

自分にとっての使いやすさというのは、こういうことなのかと、気づくはずです。

下着ひとつにしても、洋服と一緒に置いておくほうが使いやすい人もいれば、洗面所に置いておくほうが使いやすい人もいます。

自分の行動パターンを考えながらシュミレーションすると、取り出しやすい場所が見えてきます。

ただ、一度決めたところが、いちばんよい場所とは限りません。使っていて、「なんだか散らかる」「またグチャグチャになった」というのは、ものの住所が、あなたの行動と合っていないからです。ものにもきちんと落ち着く場所があります。

収納は一度つくったら終わり、というわけではなく、あなたの生活とともに成長していきます。家族の成長とともに、収納も成長していきます。

ですので、一度決めた場所でも、使いにくくなれば、いままでの概念を取り払って、「もしかしたら、ここのほうが使いやすいのかも？」と、どんどん変えていってください。

そうしているうちに、自分にとっての、究極に使いやすい場所が見つかります。
最初から完璧《かんぺき》を求めず、自分の生活に合った取り出しやすい場所を決めていってください。

「何をどこにしまったらよいのかわからない」という人は、定位置をどこにしたら使いやすいのか見当がつかない、迷っているうちにもう面倒くさくなって、ものを置きっぱなしにしてしまう、ということが多いようです。
いちばん多いのは、床に直置《じかお》きしてしまう人。一度これをやりはじめると、どんどん床にものがたまっていきます。

ものは使うものと一緒に置くと、無駄な動きがなくなります。

炊飯器の近くにお米を置く、アイロン台の近くにアイロンとシワ取りスプレーを置く、新聞を括《くく》るヒモの近くに、はさみを置く。こうすると、ワンアクションですみます。

なかなかこういう効率を考えるのが難しいようです。

キッチン収納でうかがったお客様宅では、玄関に炊飯器が置いてありました。私も初めてのパターンで、さすがに驚きましたが、理由は単純、キッチンに置く場所がないから、ということでした。

動線的にも合っていないし、靴と一緒に炊飯器が置かれているのもどうかと……朝ごはんを用意するときも、ずいぶん不便だろうなと感じました。

キッチンの収納は、基本の置き場所が決まっています。

いままで鍋やフライパン、ボール、ザルを適当に置いていた方も、基本の定位置に置いてあげると、びっくりするくらい、料理の動線がよくなったと言われます。手をのばせば、欲しいものが取れるので、無駄な動きもなくなり、料理の際のイライラが激減します。

簡単！片づけ術

Step 4 ものを「もどす」

出したらまた元の場所にもどす、片づけとはこの繰り返しです。

お母さんが子どもに「片づけなさい！」と怒っているときは、「美収納ピラミッド」でいう頂点の「もどす」部分だけを言っている場合が多いです。

幼稚園のママさんたち向けのセミナーでは、

「『片づけなさい！』と子どもを叱る前に、ものに帰る場所がありますか？　定位置がありますか？」

と聞くと、たいていのお母さんは私から目をそらします。

必要なもの・必要でないものが区別されておらず、ものに帰る場所もないのに、子どもに「片づけなさい！」と言っても、子どもは何をどこに片づけたらよいのかわからず、困ってしまいます。

それでもお母さんが大好きなので、怒らせないように、別の部屋に移動させたり、本棚にとりあえず突っ込んだりします。お母さんから見れば、「ちっとも片づいていない」ということで、さらに逆上してしまうこともしばしば。けれども、ものに定位置がないのに片づける、というのは、とうてい無理な話なのです。


「美収納ピラミッド」でいちばん最初にやることは、①の「自分にとって必要なもの・必要でないものを選ぶ」ことです。


この土台の部分をしっかりつくっておかないと、とても脆《もろ》いピラミッドとなり、ガラガラとすぐに崩れ落ちてしまいます。

「片づけがうまくいかない」「片づけても部屋がすぐ元にもどってしまう」というのは、この土台づくりを、しっかりとしていないからです。

大掃除というのも、たいていの人は、ピラミッドのいちばん上の、片づけの行為を大急ぎで、それこそ1日、2日でやってしまいます。そうすると、年が明けて半月もたたないうちに、またすぐ元の状態にもどりはじめます。

自分にとって必要なものだけを「選び」→「住所を決め」→「使ったら元にもどす」——これさえしっかりできていれば、キレイな状態は間違いなく保てます。

片づけは、いたってシンプルな行為なのです。

カバン整理術の章でもお伝えしたように、片づかない人の原因の1つは、「あとまわしグセ」があること。あとでやろうと、ついダイニングテーブルに新聞を置く、コップを置く、食べかけを置く、これがどんどん、ものがたまっていく原因。使ったら元の位置にもどすことが鉄則です。

お客様のお宅で作業が終わる頃、お借りしたペンを返すと、ポイッとダイニングテーブルの上に置く人が多いのですが、それはたぶん、あとで、元の場所にもどそうと考えてのことでしょう。

けれども私は、その場で、「もどすのはそこじゃないですよ！　ペン立てですよ」と言って、その手でペン立てにもどすように促します。

ちょっとしたところにも、あとまわしグセというのは顔を出します。

片づかない人は、イスやソファに洋服や洗濯物を積んでいきます。そして、その山からまた取り出そうとします。こうなると、イスやソファがタンスの役割をしてしまいます。使ったら、イスにかけない、ソファに置かない……きちんと一つひとつを元にもどしていくようにしましょう。

また、ゴミを床に散乱《さんらん》させるのも、片づかない人の特徴の一つです。特にペットボトル。飲んでは床に置き、を繰り返します。分別用のゴミ箱を置いて、ペットボトルは飲み終わったら、きちんと決めた場所に捨てれば散らかることはありません。床をゴミ置き場にしないように、気をつけてください。

Chapter 3

あなたのクローゼットは、女性収納?男性収納?

Closet

この3か所を片づけたら家は、たちまち生まれ変わる!

お家を早く寛《くつろ》げる場所にしたいと思うあまり、リビングから片づけに取りかかる人がとても多いです。

じつは、これがなかなか片づけが捗《はかど》らない原因。

なぜならリビングには、キッチンやクローゼットに収まりきれなかったもの+保証書、保険書類、DMなどの紙類があふれかえっているからです。

ということは、クローゼットとキッチン、そして書類の整理さえできれば、家は自然とキレイに、居心地よい場所になるということ。

あっちもやろう、こっちもやろうと欲張らずに、

（1）クローゼット
（2）キッチン
（3）書類の整理

まずはこの3か所に集中！

この3か所が、どうして整理できないのか、どうすれば整理できるのか、実際の例を見ながら、お話ししていきます。

クローゼットが、服であふれている理由

女性はとにかく着ていない洋服の「いる・いらない」を判断するのがとても苦手。長いあいだ着ていなくても、「いつか着るかも」「痩《や》せたら着るかも」「娘が着るかも」「また流行がめぐってきたら着るかも」「高かったから」「思い出があるから捨てられない」などなど……未来に対する不安と過去に対する執着に縛《しば》られています。

そして、クローゼットはブラックホール状態で、服がパンパンにつまっているのに、「明日着る服がない」という現実。

＊「いつか着るかも」の対処法

いつかではなく、いますぐ着てください。一度袖《そで》を通して、鏡に映る自分の姿を客観的

に見てください。

「いつか着るかも」と、とっている洋服を、「いつから着てないのですか」と聞くと、たいてい4、5年前から着ていないと言われます。

その4、5年のあいだに体型は変わっていないですか？

髪の色やメイクは変わっていないですか？

何かしら自分に変化があれば、当時よく似合っていた服も、いまは似合わなくなっている可能性が高いです。時とともに、あなたも変化しているということです。

「いつか着るかも」なら、いますぐ着る。そして、それを着た自分を客観的に見て、いまの生活や自分の体型に合っているのかどうかを確認し、それでも残したいと思ったなら、いつかいつかとしまいこまずに、いますぐ着てください。

お洋服の賞味期限は短いです。気分が上がらない（でも捨てられない）服を着ていると、気持ちがよどんできます。

人生は短いのです。テンションが下がる服をとっておく時間も場所も、もったいない！

私は1つの判断基準として、

「いつか着るかものその洋服を、同窓会に着ていけますか？」

とお聞きします。

すると、「まさか！　同窓会に行くなら、新しく洋服を買うに決まっているでしょ！」

という答えが返ってきます。

それなら、そのいつか着るつもりの、その洋服を着るのはいつなんでしょう？　と聞くと、「……そうか、やっぱりもう着ないですよね」と気づかれます。

同窓会に着ていきたい服かどうかは、女性にとっては、大きな判断ポイントになります。

また、その服を着て買い物に行ったときに、誰かに会ったとします。さあ、そのとき、あなたは、どんなふうに思うでしょうか。

「選《よ》りに選って、こんな服を着ているときに会うなんてツイてない……」

そんなふうに思う服なら、やはり、いまのあなたには必要のないものになっているのではないでしょうか。

誰にも会いませんようにと思いながら外に出るのと、お気に入りの服を着て、誰かに会わないかしらと思って外に出るのでは、あなたの輝き方が違うのは、説明するまでもないでしょう。テンションの下がる服を着ていては、あなたの魅力も輝きも、一緒に下がってしまうことを頭に置いて、その服がほんとうに必要か、そうでないかを仕分けしていきましょう。

＊「痩せたら着るかも」の対処法

痩せたら着ようと思っているのなら、必ず期限を区切ってください。３か月以内、もしくは6か月以内に痩せたら着る、というふうにです。

期限を区切るということは、３６５日エブリデイ、だらだら万年ダイエットをしないという、自分への宣言にもなります。期限を区切って、それまでに痩せなかったら、やはりそのお洋服は、いまのあなたの体型にはもう合わなくなっています。

体重の増減というのは、だれにでもあります。そこをマイナスにとらえずに、年相応になってきた自分の「生きてきた証」ととらえてください。

いまの自分の体型に合った、いまのあなたを輝かせてくれる洋服が並ぶクローゼットをつくることこそ、最高の贅沢だと思いませんか？

＊「娘が着るかも」の対処法

お嬢さんがいる人が、よく口にされる言葉です。

着物ならわかります、ですが洋服はどうでしょう？

自分に置き換えて考えてみてください。あなたは自分の母親のお下がりの服を着たことがありますか？

いまどきの若い人は、手足も私たちの世代とは比べ物にならないくらいに長いし、顔も小さいです。そういう人たちに、自分が着なくなった服がはたして似合うでしょうか。喜んで着てくれるでしょうか。直接お嬢さんに聞いてみるといいかもしれませんね。

私は思い出があるものを、なんでもかんでも処分するということは、ススメていません。1つ、思い出ボックスをつくって、そこに入る分だけをとっておく、ということを提案しています。

思い出のものが多すぎる場合は、そこからはみでる分だけを見直ししていけばいいわけです。

そうして、何度も見直しを繰り返していくうちに、自分の判断基準も磨かれていきます。何度もトライ！　です。

＊「また流行がめぐってきたら着るかも」の対処法

服は、どんなにオーソドックスなかたちでも、毎年微妙に型をチェンジしたり、素材を替えているのをご存じですか？

仮にその服のスタイルがまた流行してきたとします。でも、時代の流れは速いもの。4、5年寝かせているあいだに、旬のデザイン、素材ではなくなっていますよね。そして、あなたの体型も4、5年前とは変わっているかもしれません。

流行がめぐってきても、着てみてしっくりこないようなら、せっかくとっておいても、活躍させられず、残念な結果になります。

「いまの自分を輝かせてくれる、体型に合った服だけを選ぶ」

洋服の賞味期限を考えても、服は、いまの自分に合ったものを、来シーズンではなく、「いま」着るというのが、いちばんよい選択だということがわかっていただけるのではないでしょうか。

いまの時代と自分の体型に合った服を着ると、気持ちも華やぎます。人に会いたくもなります。

ものの要・不要を決めることは、いま、自分にとって何が似合っていて、必要なのかを見極める行為です。そして、自分が選んだものを、これからも大切に扱っていくことこそが、片づけの真の目的です。

どんなものでも、いつでもすぐに使えるように、キレイな状態で収納しておくことが、そのものを大切に扱うことになっていきます。

クローゼットの収納は、こうすればうまくいく！

自分の判断基準で残したい洋服を選んだら、次はその洋服を収納していきます。

ひとえに収納方法と言っても、性格や男女の違いによって、さまざまです。一人ひとりの使いやすさも変わってきます。

これから紹介する収納法は、私がいろんなお家で片づけ収納作業を行ってきたことで、導きだした方法です。

まず一つ目は「女性収納」。

女性は、引き出しに入れる収納を好みます。部屋でもクローゼットでも、すべてを外から見えないように、スッキリと収めるのが、「女性収納」と私が名づけた収納法です。

ウォークインクローゼットや押し入れに引き出しケースを入れ、その中も小さく区切って収納していきます。

私への依頼でもいちばん多いのは、この「女性収納」で、クローゼットやキッチン、部屋などをスッキリさせたいというものです。

クローゼットは、衣類をポールにかけたときに下にあくスペースを、いかにうまく使うかがポイントです。

衣類の下に引き出しケースやタンスを入れて、ハンガーにかけられない洋服（セーター類）はたたんで、引き出しの中に収納します。

引き出し一つひとつに、何が入っているのか、ラベルを貼ります。

こうすることで、何がどこにあるのかすぐわかり、すべての引き出しを開けなくてすみます。冬物の厚手のセーターを出したい場合は、「冬　セーター　厚手」のラベルを見るだけで、さっと取り出せます。

次頁の写真は、わが家の日常着を入れるクローゼットです。

ハンガーもとても重要で、ハンガーが替われば収納できる量も変わります。ちなみに私は「スペースセービングハンガー」（コストコで購入）と、「ドイツ製MAWA（マワ）ハ

女性収納のクローゼット 1

わが家の日常着を入れるクローゼット

クローゼットは、衣類をポールにかけたときに
下にあくスペースを、いかにうまく活用するかがポイント

女性収納の
クローゼット 2

私のクローゼット

奥行きの深さを利用して、引き出し収納を前面に置いて、
丈の長い服もかけられるようにしています

ンガー」を使用しています。

どこの家でもよくあるのが、クリーニング店からもどってきたときのハンガーを、そのまま使っているケースです。あのハンガーは、あくまで一時的に利用するためのものですから、ずっと使っていると洋服の型崩れの原因になります。できるだけ、クリーニング店からもどってきたままにせず、自分のハンガーにかけ直すことを習慣にしましょう。

私は洋服は、かけられるものは、なるべくかけるようにしています。

「衛生的にどうなの？」と言われそうですが、洗濯して、ハンガーにかけて干したら、そのままクローゼットにもどします。

たたむ手間がいらないので、私が洗濯物の山から解放された瞬間でした。一回一回たたまない、「干して、そのまま収納」は、オススメです。

奥行きの深さを生かす！押し入れの使い方

お客様からよく相談されるのが、押し入れの使い方です。クローゼットよりも奥行きの深い押し入れを、「どう活用していいかわからない」という人は多いようです。

押し入れは、奥と手前をいかに使いこなすかで、収納量や使いやすさが変わってきます。

わが家では、下段は同じタイプの引き出しケースを前後に2つ入れます。奥にはシーズン外のもの、手前にはいま着ているものを収納します。衣替えは、奥と手前の引き出しを入れ替えるだけで完了します。

片づけ収納作業では、ご主人も一緒に参加されることがよくあります。

そのとき気をつけているのは、男性と女性は好む収納や、しまいやすい収納のスタイルが違うということです。奥様とご主人のしまいやすい収納と望むスタイルを聞いて、お互

女性収納の
押し入れ

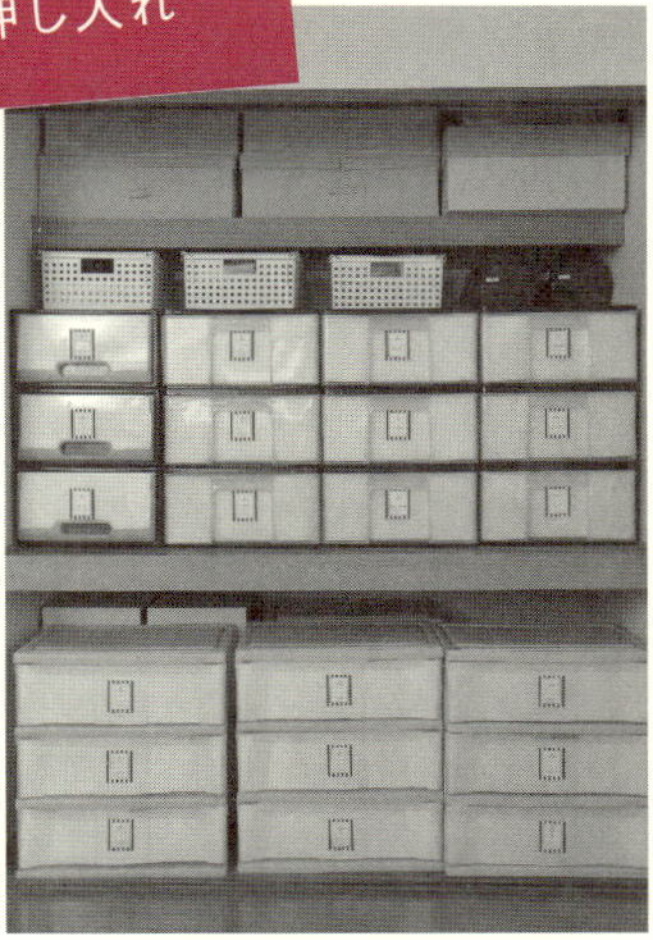

押し入れは奥行きの深さを活用して、収納を前後に分けるのがポイント

衣替えは、
前後の引き出しを
入れ替えるだけで完了

い の 妥協《だきょう》点をさぐっていきます。

どういうことかというと、先に話したように、女性は部屋に洋服を出しておかない、すべて引き出しにしまう収納システムを好みます。

共感やコミュニケーションが得意な女性は、「人を呼ぶためにいつもスッキリ、キレイにしておきたい」という気持ちが強いのです。

いつでも「おもてなしOK」な、モデルルームのような部屋にしたいというのは、たいてい男性ではなく、女性です。

女性は本質的に、「マルチタスク」といわれ、その言葉通り、いくつもの作業を同時に行うことができます。たとえクローゼットの中、押し入れの中に引き出しが何十個あっても、「アレはそこ、コレはそこ」と関連づけて覚えておけます。ですから、引き出しの中にしまわれているものでも、どこに何があるのかがわかります。

また女性は、結果よりも、そこにたどりつくまでのプロセスを大切にします。

家族の洋服や日用品をきっちり管理していく。その日々の積み重ねが、気づけば丁寧な生活という結果につながっていくことに、なにより幸せや満足を感じるのです。

女性収納と男性収納では、収納のしかたが異なる

女性は手間暇《てまひま》かけて、自分でつくり上げたものに愛着を感じるようにできています。

太古の昔から子どもを育て、女性同士のコミュニティーの中で子どもたちを守る役目を、そうやって担《にな》ってきたのです。

女性は、世間とのコミュニケーションの手段として、人を家に招きます。

そのためにいつもお家をキレイにしておきたいし、不意の来客にも応《こた》えられるようにしたいと思っています。

その際、「ほんとうにいつ来ても、お家がキレイね！」というまわりからの賞賛が、女性には何よりの励《はげ》みになるのです。

その表れが「女性収納」ですが、それに対して「男性収納」という収納法があります。

男性は、一般的に「モノタスク」といわれていて、何かやりはじめたら、そこに一点集中し、ほかのことに気持ちが向きません。

ですので、たくさんの引き出しの中に順序よく、洋服等が立てて、たたまれている様はとても苦手。男性は、持っているものがすべて見える収納を好みます。それが「男性収納」です。

「あの引き出しにはアレが入っていて、こっちの引き出しにはコレが入っている」というふうに、思考があちこち飛ぶことが苦手なのです。

ですから、引き出しにすべてしまい込まれてしまうと、何がどこにあるのかわからず、結局使わなくなってしまいます。

ご家庭でも思い当たりませんか？　奥様が引き出しに洋服を立ててきっちり収納して管理しているのに、ご主人が着るものを取り出したあとは、引き出しが半開き、そこから着なかった洋服がベローンとたれていて、ほかの引き出しも物色したのか、あちこち、ちょっとずつ開いたままになっている。ご主人が仕事に出かけていったあとは、毎日ため息をつきながら片づけているという方も少なくないでしょう。

男性収納　1

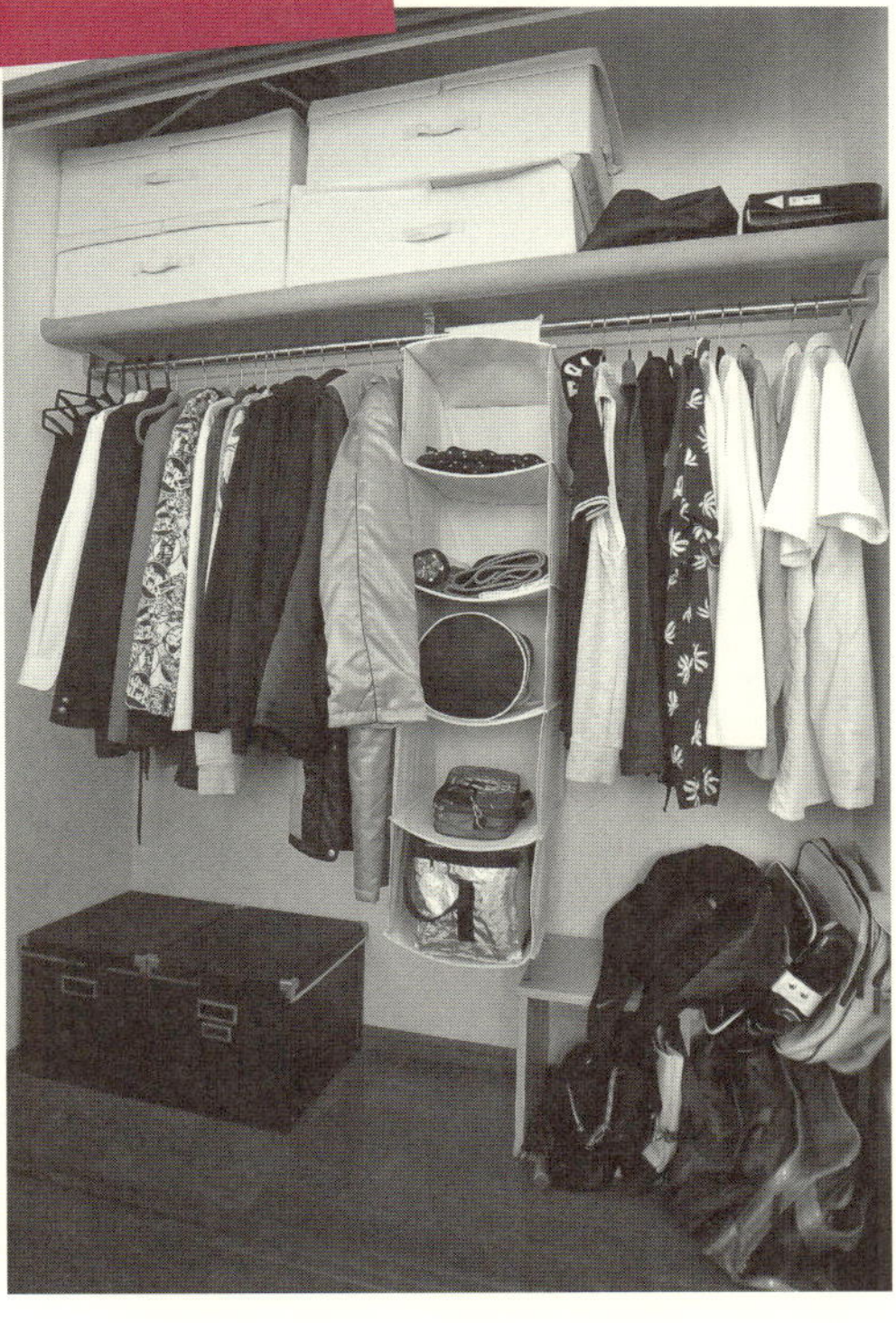

息子部屋のクローゼット

クローゼットの扉をはずし、一目で何がどこにあるのか
わかるようにしています

男性収納 2

息子部屋の洋服収納

引き出し収納をやめて、オープンラックの棚に
Tシャツの柄もわかるように重ねて収納しています

男性収納　3

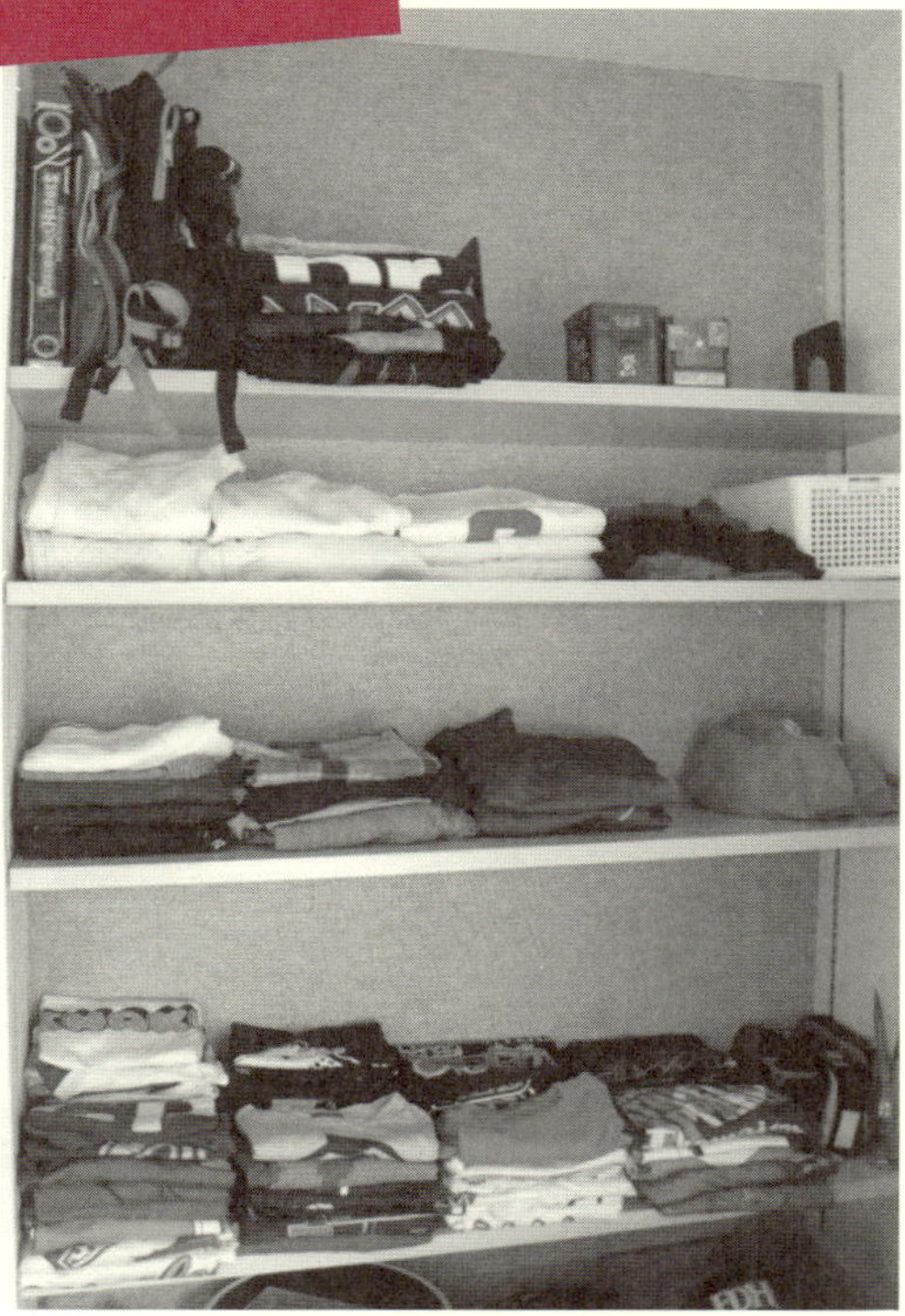

Open棚　お客様宅の子ども部屋（男の子）

引き出しは使わず、棚の１段目は長袖、次の段には半袖というふうに分け、洋服がすべて見えるように収納しています

モノタスクの男性が片づけやすい「男性収納」は、いま使っているものをすべて見えるようにしておく収納のことです。

お客様のお家で「男性収納」をするときは、ハンガーにかけられるものはすべてかけ、持っているものがすべて見えるようにすることを心がけています。

引き出しの中も、ざっくり2つくらいに分けるくらいにとどめます。


男性は、引き出しの中を仕切りで24マスに分けたり、引き出しに衣類をきちんと立てて入れると、元にもどせなくなってしまいます。

そこで、たとえば「靴下」という入れ場所をつくって、左右2つに区切りをつけます。左は普段履き、右は仕事用として、上から投げ込めるくらい、ざっくり収納します。下着のパンツも同様に。何にしても「ざっくり」が基本です。

季節外のものは、箱に入れておいてもよい、という人も多いです。


「男性収納」は、いま使っているものは、すべて見えるようにしておく収納法です。

男性収納　4

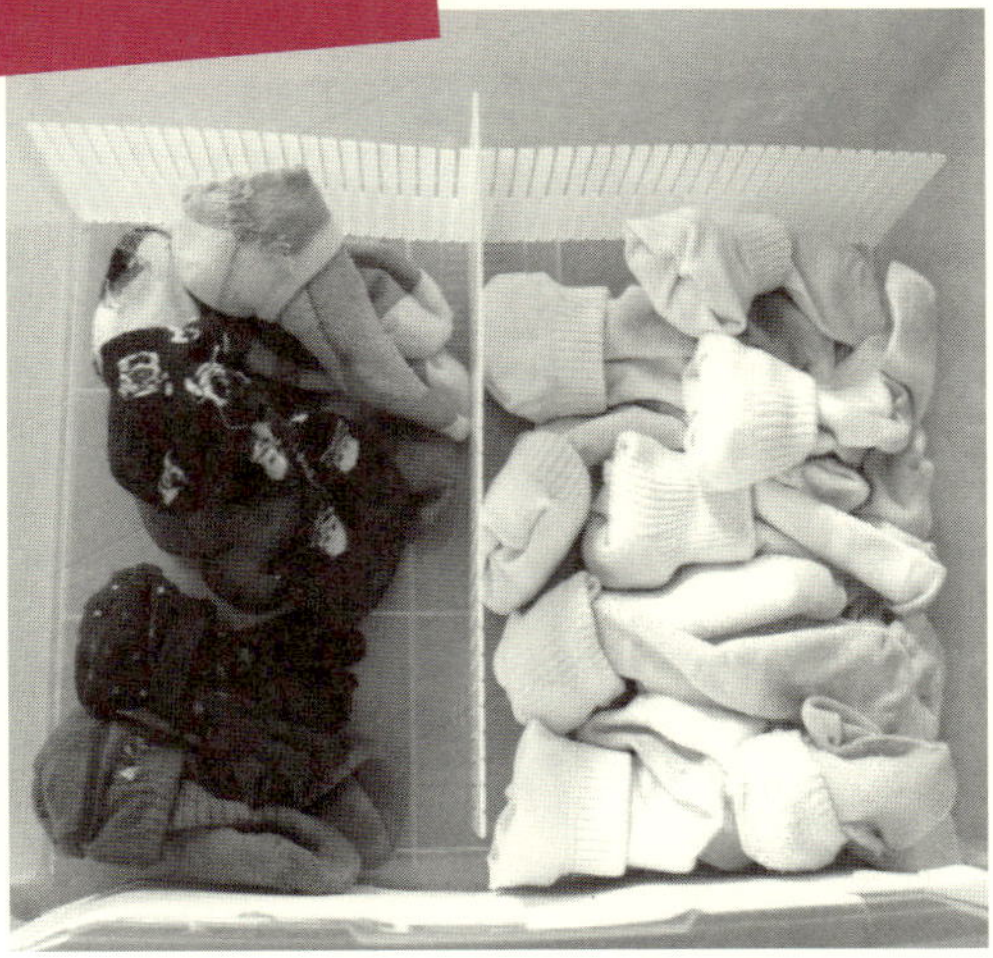

息子の靴下引き出し

右と左に分ける程度で、しまうときも放り込んでもＯＫな、ざっくり収納

男性はモノタスクゆえに、出しながら片づけるということも苦手です。出すときは出す、片づけるとなったら、片づけることしかできません。

でも一緒に生活していくうえで、やはりそうはいかないこともあります。男性の特性を知って、女性とは異なる、しまいやすい環境をつくってあげることが大事なのです。

この性質がわかれば、

「なんでいつも靴下を脱いだら脱ぎっぱなしなのよ！」

「ワイシャツを洗濯かごに入れておいてくれればすむだけのことでしょ！」

「部屋着を丸めてほったらかしたままで、どうして仕事に行けるのよ！」

などとイライラしなくてすみます。

男前収納で、整理整頓してみる

昨今は、女性の社会進出や経済情勢を背景として、女性が外で働くことが求められています。

職場では現状、まだまだ男性社会なので、どうしても論理的な物の考え方や、数字を追う仕事、結論から先に言う話し方などが求められます。

そういう毎日を送っていると、女性も男性的な考え方が身につきます。そういう考え方や、働き方をしている人は、「女性収納」よりも、「男性収納」が向いています。

最初は、ものが出ていないスッキリした「女性収納」にしてほしいと依頼されるのですが、お話を聞いているうちに、この方は「女性収納」ではうまくいかないだろうと推測できるようになりました。

①「ものをしまい込むと、どこにあるかわからず、結局、使わなくなる」
②「細かく区切ったところにものを入れるのは苦手」
③「さばさばした性格」
④「クローゼットの寸法をきっちり測ったりするのは苦にならない」

こういうタイプの女性は、「女性収納」よりも「男性収納」が合うことが多いです。

でも、女性の「マルチタスク」な面も持ち合わせているので、「男性収納」だけでも、それで完璧とはいきません。

そこで、「女性収納」と「男性収納」のいいとこどりをした「男前収納」の方法を、私はオススメしています。


「男前収納」を好む女性は、性格も男前です。

男前収納　1

お客様宅のリビング

「ふだん仕事で着るものはリビングに出しておきたい」というご要望でした

【男前収納が合う人、好む人の特徴】

□「男前」「姉御肌」とよく言われる

□どちらかといえば短気

□リーダー・管理職

□仕事が好き

□毎日忙しい

□休みの日は寝ていたい

□既存のすべてしまい込む収納本はピンと来ない

□数字に強い

□さばさばしている

□女性同士の濃密なつき合いが苦手

「男前収納」の特徴は、収納の仕方は「男性収納」とほぼ同じなのですが、ときどき「女性要素」が加わってきます。

いろいろ出したままのオープン収納にしていると、ふと女性の感性がもどったときに、むき出しの場所を隠したくなります。

ポイントは次の2つです。

(1) 普段はオープンにしておいて、人が来るときや、「ちょっと雑然としすぎかな」と気になる場所に、布をかぶせて隠す

(2) 深めのボックスにいれて、何が入っているか外からはわからないようにする

最初は「女性収納」を依頼されても、話をうかがっているうちに、男性的な考え方の人だと思えば、「男前収納」を提案します。

すると、「こういうやり方もあったのね」と、とても驚かれます。

なぜ女性収納を依頼されたのか聞いてみると、「それが片づけのあるべき姿だと、雑誌

男前収納 2

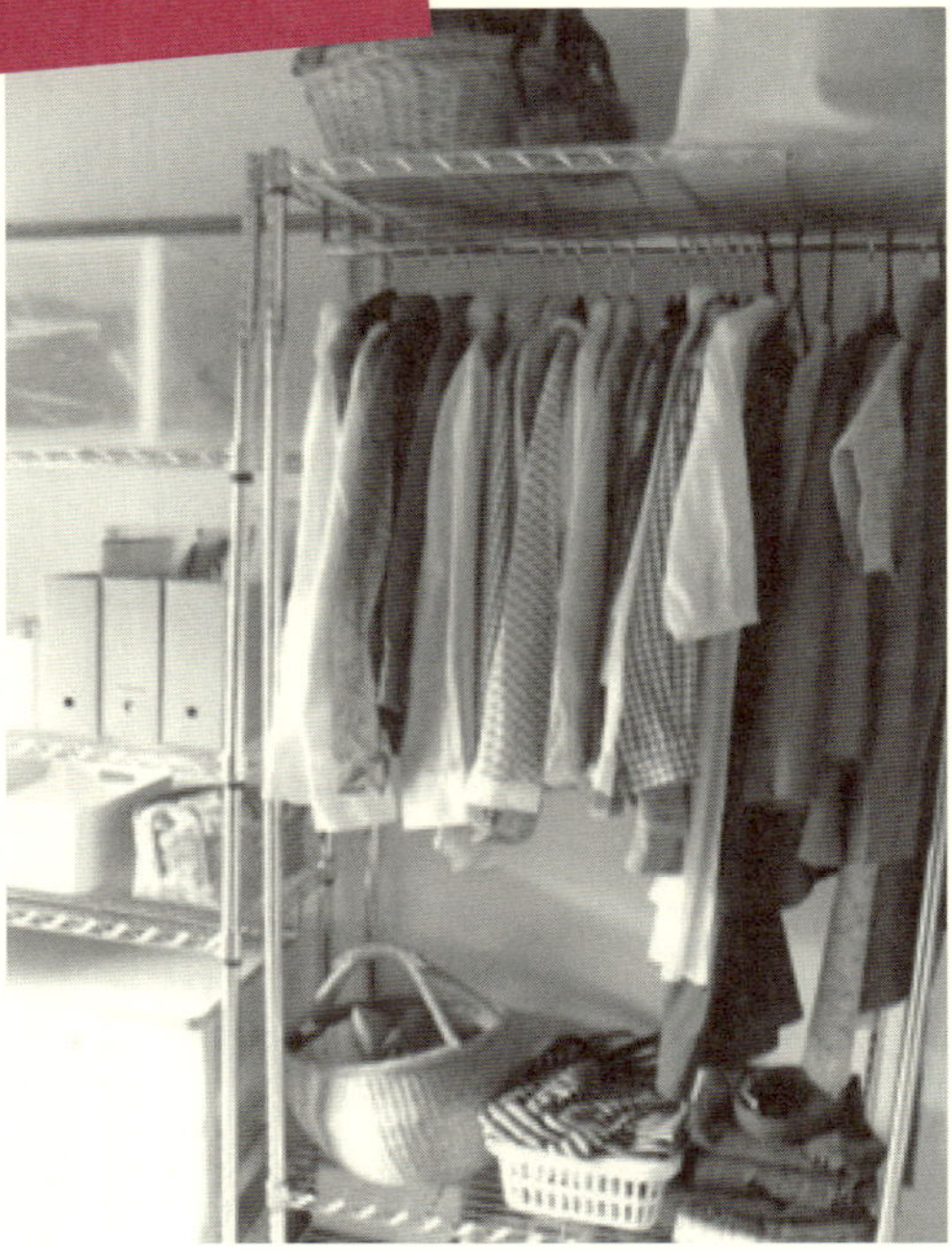

お客様宅和室

洋服を入れるクローゼットがないという点、ご主人と奥様と息子さんの３人暮らしで「男性収納」のほうが、みんなが使いやすいという点から、「男前収納」を提案。カゴには布をかけて中が見えないようにしています

でもテレビでも紹介されているから」と言われます。

他の案がないから、そうしないといけないと思い込んでいるんですね。

そして、「自分はあんなふうにきっちり引き出しに入れる収納が苦手で、できないから片づけが下手、苦手だ」と悩まれています。

ちょっと待ってください！

片づけのスタイルは、考え方やその人の性格で変わってきます。

片づけができないのではなく、自分に合った方法を知らないだけなのです。

「男性収納」と「女性収納」のどっちがいい悪いというのではありません。

自分の持っている男性的な部分、女性的な部分を知り、より取り出しやすいかたち、しまいやすいかたちを選んでいけばいいのです。

最近の片づけの世界では、女性主導でシステムをつくっているせいか、すべて引き出しに入れ込んだきっちり収納、モデルルームのように、ものが一切外に出ていない収納がもてはやされています。

家族にとって、それがほんとうに使いやすいのであれば、もちろんそれでいいと思いますが、生活は100%キレイなホテルライク、モデルルームライクではやっていけません。モデルルームには実際人は住んでいませんからね。

汚れた靴下も、カラフルな子どもの絵も、泥まみれのサッカーのユニフォームも、すべて生活を構成している重要なエッセンスです。

オシャレなものしか出してはダメ、それ以外はすべて「しまって!」では、家族が息苦しくならないのかな? と少し不安になります。

一人暮らしの人なら「女性収納」でよいと思うのですが、ほかの人と一緒に住むとなると、やはりそれは無理な話。まして子どもが1人生まれ、2人生まれ、となれば、キレイごとだけではすまなくなるのが、生活です。

セミナーでもよくお話ししているのですが、収納というのは、つくったら、それで終わりではなく、ここからがスタート。収納は家族とともに成長していくものだとお伝えしています。

一人暮らしなら、変化はないかといえば、そんなことはありません。自分のライフスタイルとともに変化させていくのが、収納です。

「何のためにキレイにしたいのですか？」とお客様に質問すると、「寛げるお家にしたいから」という答えがたいてい返ってきます。

生活があっての収納です。ですから、決して自分だけで完結させず、家族の誰もが使いやすく片づけやすい収納にしていただきたいのです。

家は家族が一番やすらげる場所――会社の仕事で疲れて帰ってきてホッとし、子どもも学校で人間関係や人との接し方を学んで帰ってきてホッとする。そういう場所であってほしいと思います。

＊事例1

仕事のストレスを買い物で発散していたお客様。

買い物をすると気持ちが落ち着くので、買った洋服は着なくてもよいらしく、タグがついたままのものがたくさん放置されていた。

白で同じようなかたちの洋服を10着以上発掘。色の違いで同じようなパターンが何着も出てくる。「あの洋服が着たい」と思って探すが、見つからないので、結局また買ってくるという悪循環。

仕事で怒られることが多く、認められないことがストレスに。でも買い物にいくと、店員さんからチヤホヤされることが快感で、買い物がやめられないと悩まれていた。

洋服をすべて出し、似たような色や、テイストの服がどのくらいあるのか、目で見て確認してもらった。あまりにも同じような洋服がたくさん出てくるので、ショックを受けていた。洋服の「いる・いらない」を決めているときに、「これから何かやってみたいことは、ありますか？」と聞くと、「お家がきれいになったら、料理をしたい」という答え。前はすごく料理が好きだったのに、忙しさとイライラと、部屋の汚さでつくる気になれず、コンビニごはんや、ペットボトル飲料ですませる毎日。体調もあまりよくないそう。「洋服を買いに行くよりも、家でダシにこだわった料理をつくったり、新しいメニューに挑戦するのも楽しいですよ。きっと、からだも心も元気になれます！」という話をして作業終了。

後日連絡があり、「買い物でストレスを解消したいという気持ちが嘘みたいにス〜ッと消え、料理をしたい！　ちゃんと生活したいという気持ちが湧いてきました。キッチンもキレイになったので、休みの日は何をつくろうかワクワクしています。こんな気持ちは久しぶりです」と喜ばれていた。体調もすこぶるよくなったそう。

＊事例2

引っ越すので洋服の数を減らしたいというお客様からの依頼。

かなりの数の洋服が、たんすとウォークインクローゼットに詰まっていた。洋服は着ていないものが多い。値札がついたままのものもある。

昔よく着たという型が古いスーツや、いまは体型に合わないもの、黄ばんでしまっているものは、「もうよいのでは？」と促《うなが》し、処分。

どうにかしないといけないことは頭でわかっていても、最初は、まだ捨てたくない、という思いからなかなか決断できず。これはとっておきたい、あれはとっておきたいと、決めることにかなり時間がかかった。ただ、エンジンがかかってくると、劣化《れっか》や色あせを指摘すると、すんなりゴミ袋に入れる決断ができるようになった。

おそらく、昔着ていたものを処分できないのは、痩せていた頃の自分への執着や、あの頃にもどりたいという思いがあるのではないかと、感じた。

過去を振り返っても、過ぎたことはもどらない、それよりも新しい場所で新しい気持ちで生活していくことのほうが大事なのでは？　そのためにも、いま必要ないものは、思い出は残し、ものは処分する方向を選んだほうが前に進めるのでは？　という話をしていると、納得したようで、それからはスムーズに洋服を減らしていくことができた。

＊事例3

仕事が忙しく、家には寝に帰るだけというお客様。

洋服はソファかイスの上、床に積み上げていて、そこから毎日着る服をひっぱり出している。このままでは、ますますダメ人間になりそうで、自己嫌悪《けんお》感につぶされそう、なんとかしてほしいというご依頼。最近、男性と同じような働き方が女性にも求められているので、こういう方は特に増えているように感じる。

毎日疲れていて、おしゃれをする気にもなれない。朝はいろんなところに積んである洋服を引っ張りだして着ている。ほんとうはもう少しおしゃれしたいし、身なりにも気をつけたいと思っていることが、話をしていてわかる。

でも、たまに洋服を買いにいっても、何と何を合わせたらよいのかがわからないし、自分が何を持っているのかもわかっていないので、結局同じような洋服を買ってしまう。

まず、洋服をすべて出して、何を持っているのか何がもういらないのかを決め、クローゼットの片づけをして、いままで使いにくかった場所を使いやすく変更。

話をしていると、人を家に呼びたいけれど、汚いので呼ぶことができなかったこともわかってきた。

片づけ終わる頃には、これからどうしたいのかも明確になり、スッキリした様子。自分が何をしたいのか、もっとどうなりたいのかわかってきて、「いまは、いろんなことにチャレンジしています」と、その後うれしい報告がありました。

Chapter 4

片づいたキッチンで人生はびっくりするほど変わる！

Kitchen

片づかないキッチンのあるある!をチェック

あなたのキッチンには、どのくらい当てはまりますか?

- □ S字フックを多用している
- □ ダイニングテーブルがいろんなもので埋まっている
- □ ポット洗浄洗剤(未開封)をたくさん持っている
- □ 便利お掃除グッズや洗剤が山のようにある
- □ 保存容器をたくさん持っている
- □ 水筒が家族の人数分以上ある
- □ 昔使っていた子どもの箸《はし》箱、お弁当箱セットをとっている

□ 乾物、保存食品の置き場所が決まっていない
□ まったく使っていない食器が食器棚に詰まっている
□ 趣味に合わない引き出物が吊り戸棚の中にたくさんある
□ スーパーのビニール袋があふれている
□ 割り箸、コンビニでもらうスプーンをたくさん持っている
□ エコバッグがたくさんある
□ 家族の人数分以上のマグカップがある
□ 空のペットボトルやビン類がいくつも床に転がっている
□ お弁当で使う細々したカップやばらんの場所が決まっていない
□ 炊飯器の蓋《ふた》が壊れている

キッチン収納の基本は、これから使っていきたいものだけを選ぶ

キッチンというのは、女性の城。ここがキレイで使いやすくなると、料理づくりがとても楽しくなります。

キッチンの片づけを依頼されたとき、私がいちばん最初にすることは、キッチンの不満をお客様から聞くことです。

新築であろうと、築20年であろうと、皆さん何かしら不満を持っています。

「あそこが使いにくい」「ここが狭い」「収納が足りない」。キッチンにいるとき、不満を口に出しながら料理をしているんだろうなと思うと、ちょっと悲しくなります。

毎日毎日不満を言っている場所は、言霊《ことだま》という言葉があるくらいですから、マイナスのエネルギーで、ますますその場所が嫌いな場所に変わっていくような気がします。

使い勝手のよさそうなキッチンでも、毎日不満を言い続けることで、よいところが見えなくなってしまうのではないでしょうか。

逆に、キッチンがキレイにスッキリ使いやすくなれば、そこに流れる気が変わります。おもしろいくらい、食や生きることに関する興味や意欲が湧いてきます。キッチンはそれほど生きる源、すべての原点なのです。

さて、キッチンに多いものというと、どんなものがあるでしょうか。

- □ あらゆる種類の洗剤
- □ 便利そうな掃除道具
- □ 使っていない鍋・食器
- □ 保存容器
- □ 賞味期限切れの食材
- □ 子どもが使っていたお弁当箱や水筒（いまは使っていない）

□　便利キッチンツール
□　割り箸
□　ビニール
□　何かについていた醤油やタレ

「片づけたいと思っても、ついついものが増えてしまう」というのは、どの人にも共通したお悩みだと思います。でも、ちょっと、ふだんの習慣を変えるだけで、スッキリしたキッチンが保てるのです。

□　洗剤、掃除道具

片づけが苦手な人ほど、ありとあらゆる種類の洗剤や便利そうな掃除道具をお持ちです。おそらく大掃除のときに、「よし！　今年こそは早めに大掃除を始めるぞ」と意気込み、洗剤をたくさん買ってくるのですが、洗剤を購入しただけで大掃除をやった気になり、結局中途半端で終わってしまった、という経験はありませんか。

汚れというのは、毎日の積み重ねです。軽い汚れのうちに、さっと拭《ぬぐ》えば手間も労力もかかりません。じつはそんなにたくさん洗剤も必要ないのです。

スーパーに行くたびに、楽に掃除できそうな洗剤や道具を買ってきたのでは、どんどん使わないものが増えるばかり。「しばらくは買わない」と決めて、いま持っている分を、まずは使い切りましょう。

□ 使っていない鍋・食器

使わない鍋には使わなくなっただけの理由があります。

「重い」

「使いにくい」

「いまの食事づくりに合っていない」

「ガスからＩＨに変わった」

生活の変化とともに使いやすい鍋も変化します。

使っているもの・使っていないものがゴチャ混ぜになって、１つの場所に押し込んでしまうと、結局いつも使うものが非常に取り出しにくくなります。それが食事づくりの際のイライラの原因を生んでいます。

いまの生活に必要なものだけを残すと決めて、把手《とって》が取れたり、底に穴が空いたりしているもの、柄《え》が熱で溶《と》けているようなものは、十分使った証として処分してしまいましょう。食器も同じです。家族の変化で使いやすい食器も変わってきます。

お客様用の食器棚には、高級な食器がたくさんつまっているのに、ふだん使うごはん茶碗が欠けていたり、箸がささくれていたり、ふだん使いのお皿がすべてポイントを貯めてもらったキャラクターものだったり、ということがよくあります。

特にご主人のお茶碗が欠けていたり、ビールを飲むカップがノベルティーものだったりということも多いのです。

家で家族と一緒に食事をとるのは人生のうち、あと何回あるでしょう。

いつ来るかわからないお客様のために、高級な食器を大事にとっておくよりも、家の主役であるあなたや家族が、いちばんよい食器で食事をするほうが有意義ではないでしょうか。

セットものの食器であれば、２客はふだん使うように下ろし、割れたら、また新しいものを出すようにすれば、いつまでも棚で眠っている食器もなくなります。欠けた食器は処分、お客様用の食器をどんどん家族用に使いましょう。

□ 保存容器

保存容器も皆さんかなりの量を持っています。

寿司桶《おけ》大の保存容器が冷蔵庫の上にホコリをかぶったまま積まれている光景をよく見ます。処分できない理由は、「高かったから」が多いです。

いくら高かったものでも、すでに蓋が閉まらなくなっているもの、熱で変形しているもの、蓋のみ、容《い》れ物のみのものは十分使い果たしたものとして考えましょう。

昔のものは、中身が見えないものが多いので、結局冷蔵庫に入れても、食べ残してしまいます。

使わなくなって何年もたつものは、もう処分してもよいのではないでしょうか。

とっておいてもいい保存容器のオススメは、

（1）蓋がきちんと閉まる

（2）形が四角
（3）中身が見える
（4）スタッキングできる
の4つのタイプです。
いまの生活状態に合わせて、保存容器も買い替えが必要です。

□ 賞味期限切れの食材

皆さんほんとうにたくさん蓄《たくわ》えています。賞味期限切れのものは、もちろん処分、まだいけそうだと思うものも、1週間以内に使い切りましょう。それでも使い切れなかったものは処分対象です。

□ 子どもが使っていた水筒・お弁当箱

これも、多いです。子どもが幼稚園のときに使った水筒・お弁当箱。思い入れもあるので、なかなか処分できないですよね。

よく見るのが、いま使っているもの、昔使っていたものがゴチャ混ぜになって、水筒だけで5、6本、キッチンの床にひしめき合っている状態です。

季節によっては毎日使うものなのに、それが、スッと取り出せない。1つ取り出そうとしたら、将棋《しょうぎ》倒しのようにガラガラと倒れてくる。こういう状態をなくすためにも、いま使っている水筒だけに絞《しぼ》りましょう。

お弁当箱は思い入れが入りやすいので、いま使っているもの以外をいくつも残さず、とっておきたいものを1つだけ思い出ボックスに残して、あとは処分すると、ほんとうに必要なものがすぐに取り出せて、お弁当づくりもスムーズにいきます。

お弁当づくりの手際が悪く、イライラしながらつくったものには、そのイライラが一緒にプラスされてしまう気がします。余裕をもってスムーズに食事をつくるには、使っているもの・いないものの見極めが必要です。

□ 便利キッチンツール

どこのお宅に行っても、必ずあります。

・ふんわり千切りキャベツができる道具
・レンジで麺がキレイに茹で上がる容器
・温泉卵ができるセット
・いろんなみじん切りが自由自在のセット
・煮豆が上手に炊《た》ける鉄の玉子
・甘夏みかんがキレイに剥《む》ける甘夏剥き機
・キャラ弁が上手につくれるキャラ弁セット

便利グッズとよばれるこれらは、お客様のお家で見てみると、ほとんど使われていません。使っているものなら残してもOKですが、使っていないものは、使わないなりの理由があります。上手にできなかったり、思ったほど便利じゃなかったり……使わなくなった理由を考えて、これから先、出番がないようであれば処分対象です。

□ 割り箸、しょうゆ・たれ、プラスチックスプーン

数が多いのが、この3つ。そしてたいてい、グチャグチャに引き出しに入っているので、

ほんとうに必要なものを取り出すのに、引き出しの中をかきまわさなければいけません。
それぞれ5つずつ残せば十分足りませんか？

□ ビニール袋

これもたっぷり皆さん熟成させています。そして、ビニール袋がものすごく広い収納場所を占領《せんりょう》しています。ほんとうにそんなに必要でしょうか？　奥にいけばいくほど、泥がついていたり、臭いがきついものが多いです。衛生的に問題がありそうなものも多いので、数を厳選して、必要以上は持たないようにしましょう。

自分にとって、いるもの・いらないものを選んだら、次は、キッチンの収納です。

何をどこに置くか――動線を考える

キッチン収納の基本は、引き出し式でも開き戸式でも、どんなキッチンでも同じです。

まず、コンロの下には、火で使うものを収納します。

□ フライパン

□ 天ぷら鍋

□ 調味料（調理しながら味付けをしやすい）

シンクの下には、水で使うものを収納します。

□ 鍋

□ ボール

キッチン収納 1

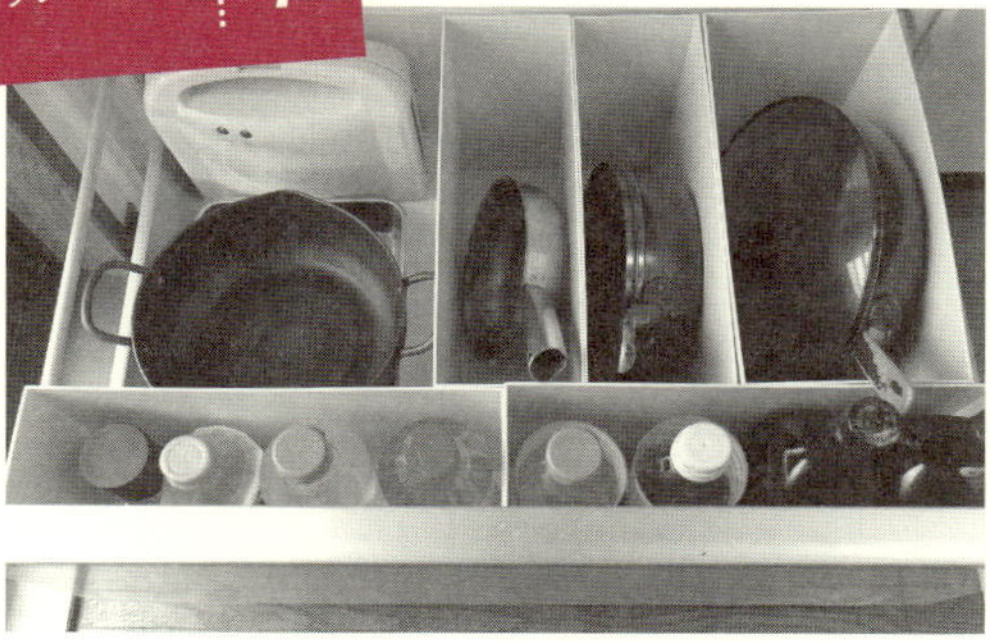

コンロの下には火で使うものを収納します

キッチン収納 2

シンクの下には水で使うものを収納します

□ ザル

□ 洗剤、スポンジ、たわし、フキン、保存容器

これが家事の動線に合うキッチンの使い方です。

ここさえ押さえていれば、スムーズにキッチンが使えます。

家事動線を考えると、基本はほんとうにシンプル、ただこれだけなんです。

吊《つ》り戸棚には、軽いものを入れます。

100円ショップの把手付き容器に、収納ラベルシールを貼って、何がどこに入っているのか、家族の誰が見てもわかるようにしています。

キッチンツールは、縦に仕切る収納をオススメしています。

これだと、引き出しを開けたときに、何がどこにあるのか、上から見て、一目でわかります。

自分の使いやすさを
優先してください

キッチン収納 3

シンク下収納２段目。重い鍋は下の段に入れます

100円ショップの
把手付き容器

キッチン収納 4

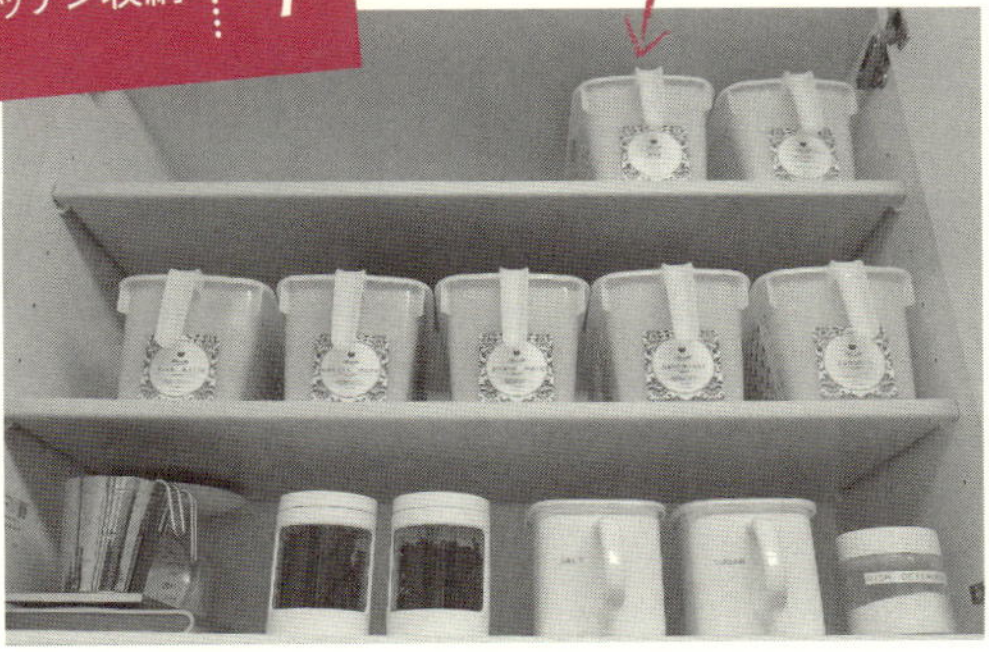

吊り戸棚には軽いものを入れます

キッチン収納 5

キッチンツールはタテに仕切る収納がオススメです

キッチン収納 6

一目で何が、
どのくらいあるか、
すぐに取り出しやすいかが
収納のコツ

ごみ袋は、資源ごみの袋を、上から上から積み重ねてしまうと、いま、どのくらいの量を持っているのか、まったく把握できなくなります。

それで買い物に行ったら買う、家族も買ってくる、ということが重なって、だいたい、どこのお家でも3か月分はストックしてあります。引き出しを開けたときに、一目で、何が、どこにあるのか、在庫がわかるようにすれば、無駄な買い物が減ります。

＊わが家のビニール袋収納

引き出し内に仕切り付きのｂｏｘを入れて、資源ごみの袋、レジ袋は持って帰ってきたらすぐにたたんで、この仕切りの中に入れます。

子どもたちが学校でビニール袋がいるときは、この引き出しを開けて、それぞれが必要な大きさの袋を持っていき、持って帰ったら、またここにもどします。

家族みんなで何がどこにあるのか把握しているので、朝はアレがないコレがないと聞かれることもなく、ストレスフリーです。

わが家の
ビニール袋収納

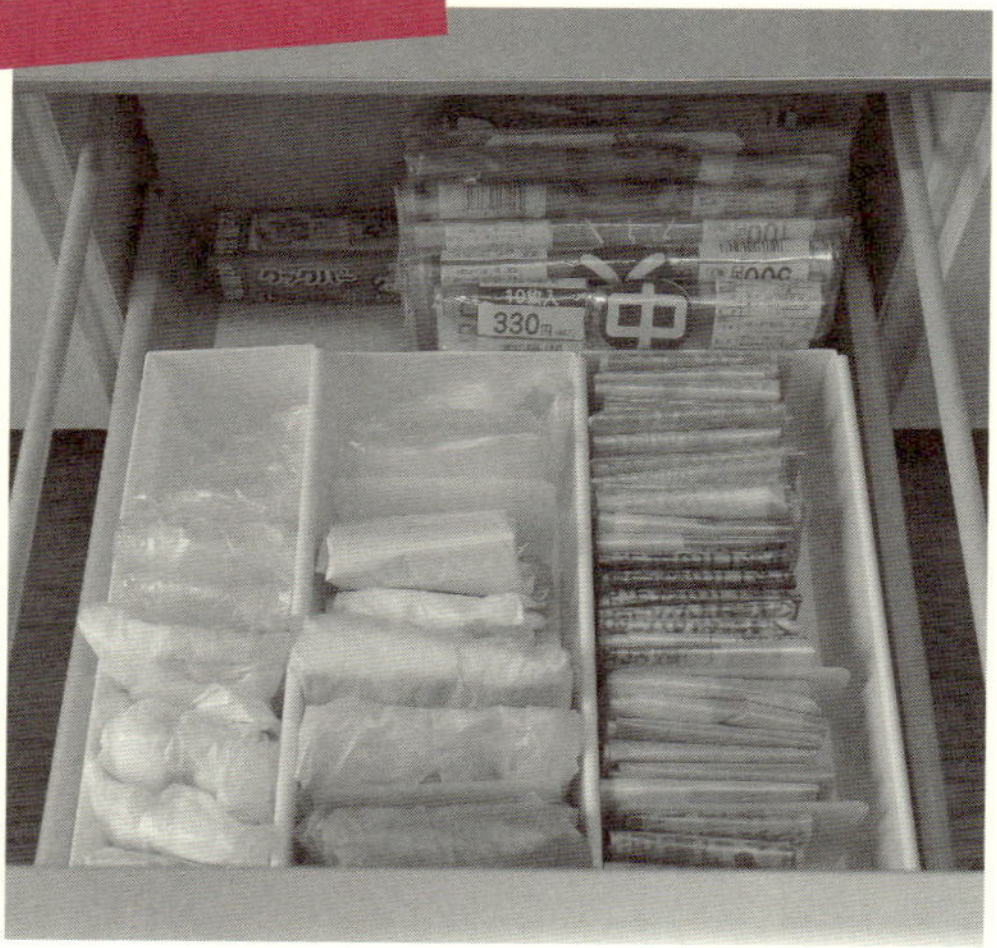

引き出し内に仕切り付きのboxを入れて、
資源ごみの袋、レジ袋をたたんで収納

キッチンにも「男前収納」を活用する

キッチン収納の依頼でいちばん多いのが、引き出しにすべてのものが収納され、表には何も出ていない、モデルルームのような、スッキリしたキッチンです。

クローゼットの項でもお話ししましたが、この収納スタイルは女性がとても好みます。ですが、お客様の性格や、使いやすさを考慮して、キッチンにも男前収納をオススメすることがあります。

わが家のキッチンも最初は、すべて引き出しに収納した「女性収納」だったのですが、だんだん性格が男前になってきたのか、毎日使うものは外に出しておかないと、料理がつくりづらくなり、いまは、毎日使うものは外に出しています。

キッチンの
男前収納 1

お客様宅キッチン

引き出しの中にしまうと、
わからなくなって使わなくなるので、
すべて見えるようにしてほしいというご依頼。
鍋・フライパン・ボール・ザル・キッチンツールすべて、
棚に入れて見えるようにしています

キッチンの男前収納　2

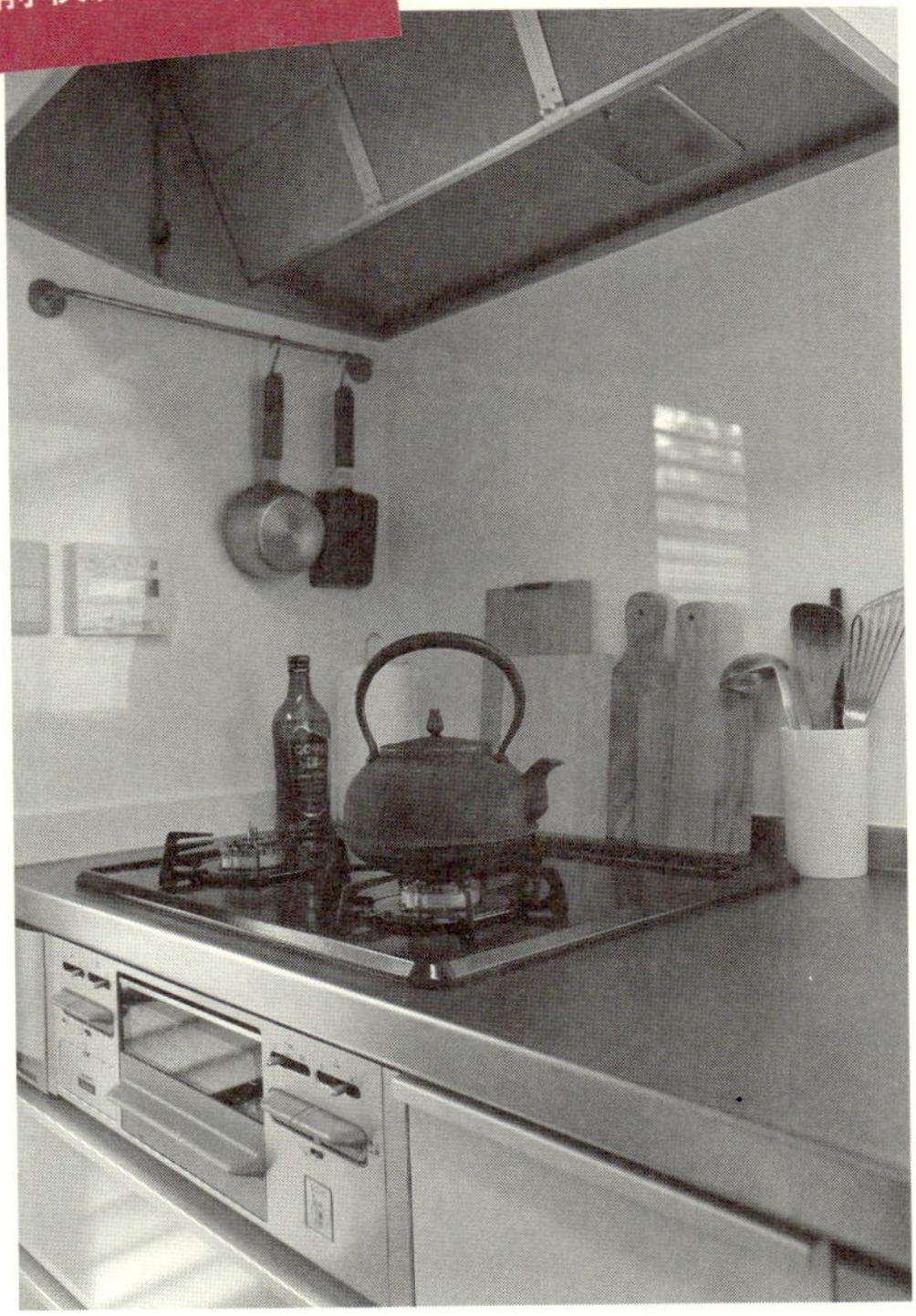

わが家のキッチン1

毎日使うものは、すぐに手が届くところに出しています

キッチンの
男前収納 3

わが家のキッチン2

男性収納の使いやすさを基本に、
女性収納のスッキリを取り入れた、男前キッチンにしています

＊Chapter4 の写真（P117,119,120,122,125,126）は、
わが家のキッチンで、「TOTO システムキッチン　ミッテ」を使用しています

Chapter 5

書類と紙をため込まない！ファイリング

Filing

紙類を制するものは片づけを制す

カード利用明細、税金・保険関連、取扱い説明書・保証書・子どもの学校通信・緊急名簿、生協のカタログ……日々家の中に入ってくる様々な種類の紙・書類の束《たば》。この書類整理が苦手な人はとても多いです。

たいてい、書類がダイニングテーブルの上で小山になっているか、本棚に乱雑に突っ込まれているか、なにが入っているのかわからない封筒がゴロゴロしている状態なのではないでしょうか？

毎日増え続ける膨大《ぼうだい》な紙や書類の束は、じつはその半分以上が不要なものであるという調査結果もあります。

〈書類整理で大切なこと〉

（1）まず書類をとっておく目的を決める

（2）書類整理とは、ズバリ捨てること！

（3）シンプルな方法でファイリング

日々家に入ってくる書類、明細、レシート、DM，趣味の切り抜き、仕事の資料。これらをとっておく目的を明確にしないと、書類整理の見通しは立ちません。

＊光熱水費明細

ただなんとなくとっている人、それを年に何度も見返しますか？　私は明細が来たら、今月分と先月分を見比べた後、即処分します。どうしても必要なときは、引き落としにしているので、銀行通帳で金額を確認できます。

＊レシート

返品、問い合わせ、確定申告に使う以外は処分。家計簿をつけている人は、つけ終わったら処分。いつまでも財布の中に入れておかないようにしましょう。

＊カード明細

引き落とし額等を確認し、支払いが終わったら処分します。

＊ＤＭ

いつか見ようと思っているＤＭが山積みになっていませんか？　結局見ずに、どんどんたまっていくばかりなら、これ以上不要なものが入ってこないよう、送付停止手続きをして、元から断ってしまいましょう。

＊趣味のもの、切り抜き

雑誌や新聞から、必要な分だけ切り取り、クリアファイルにとじる。情報は、切り取った瞬間がいちばん新鮮であり、役に立つことが多いです。とっておいても見返したことがないものは処分。年に一度は見直しをしましょう。

＊取扱い説明書
使っている家電、保証書以外は処分します。すでに家にない家電の保証書をいつまでもとっていることが多いので、定期的に見直しをしましょう。

＊年賀状
過去3年分を残して処分。

とっておく目的をはっきりさせ、残すものを選んだら、書類に合わせたシンプルな収納方法を選びます。

書類は分類し、それぞれの住所を決める

書類は、次の3種類に分類します。

（1）いま、動いているもの

毎日確認が必要なもの、期限があるもの。たとえば、学校の献立表、学級通信、習い事日程、町内会行事、定期検診のハガキ、日程が迫っているDM、緊急連絡先など

（2）定期的に郵送されてくるもの

光熱水費明細、カード明細、保険関連、税金、レシートなど

（3）年間を通して保存しておくもの

趣味関連の切り抜き、仕事資料の切り抜き、学校年間行事予定、取扱い説明書など

書類の分類ができたら、次に、それぞれの用途、使い勝手のよさを考えて、「住所」を決めていきます。

たとえば、私は次のように「住所」を決めています。

〈分類した書類の住所〉

（1）いま、「動いているもの」は、マグネットボードへ

目につく所に書類を貼って常に確認。この書類をしまい込んだり、積み上げたりすると、気づいたときには期限切れや、期日忘れということが起こってしまうので要注意。

（2）定期的に郵送されてくるものは、クリアフォルダーに入れる

すぐ取り出せてしまいやすい場所に収納。リビング内が扱いやすくて、オススメです。

（3）年間を通して保存しておくものはA4ファイルへ

頻繁に見るものではないので、リビング外への収納でもOK。年に1度はファイルの見直しを行い、処分するものを確認しましょう。取扱い説明書は、古い家電を処分したらその都度、取扱い説明書も処分を徹底します。

いま、「動いているもの」は、
マグネットボードへ

確認が必要なもの、
期限があるもの

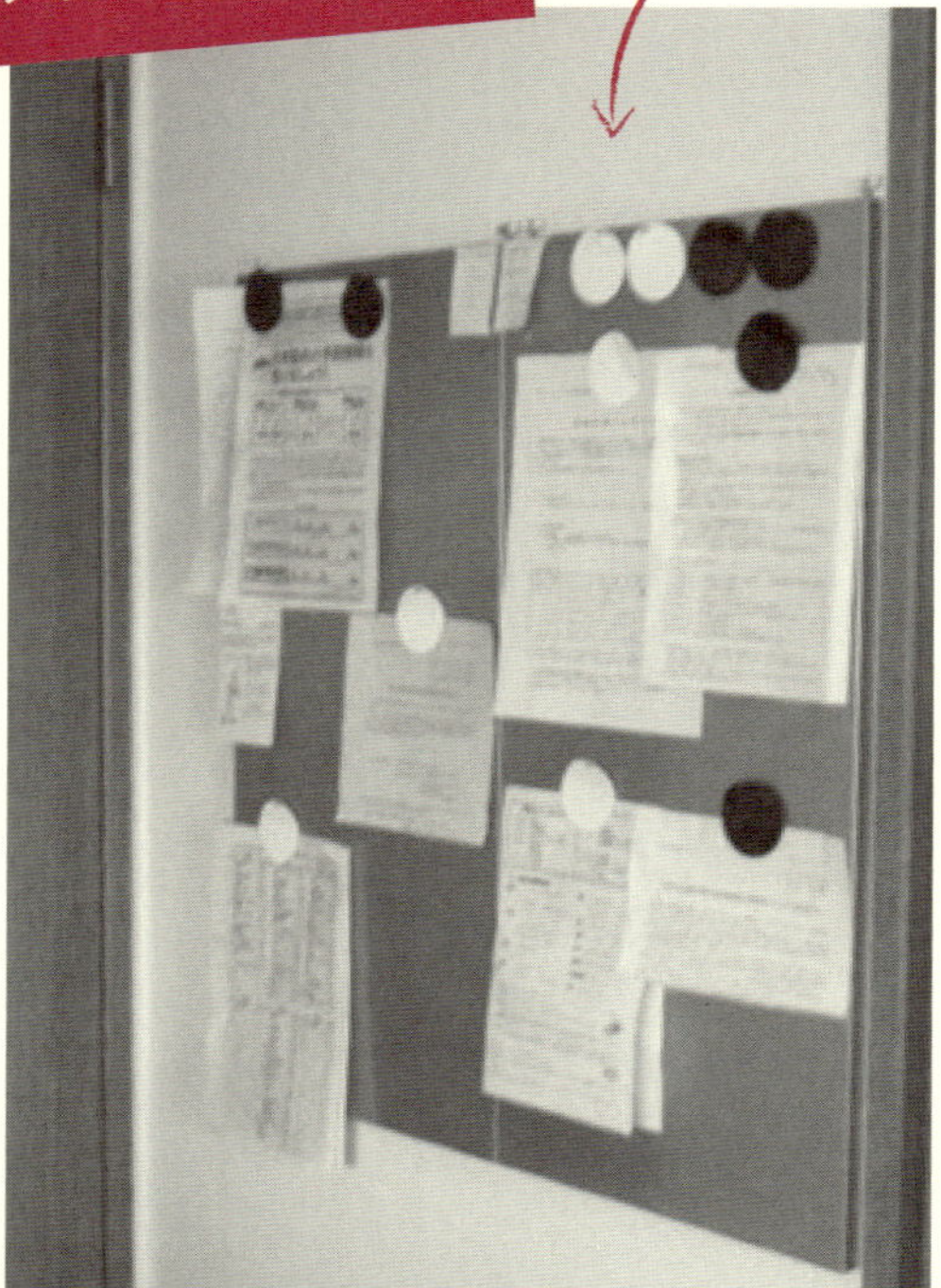

学校の献立表、学級だより、塾の日程、町内会の行事、
定期健診のハガキ、お店からのお知らせＤＭは、
必ず目にする場所に貼る。期限が過ぎれば処分

収納場所はリビング内がオススメ

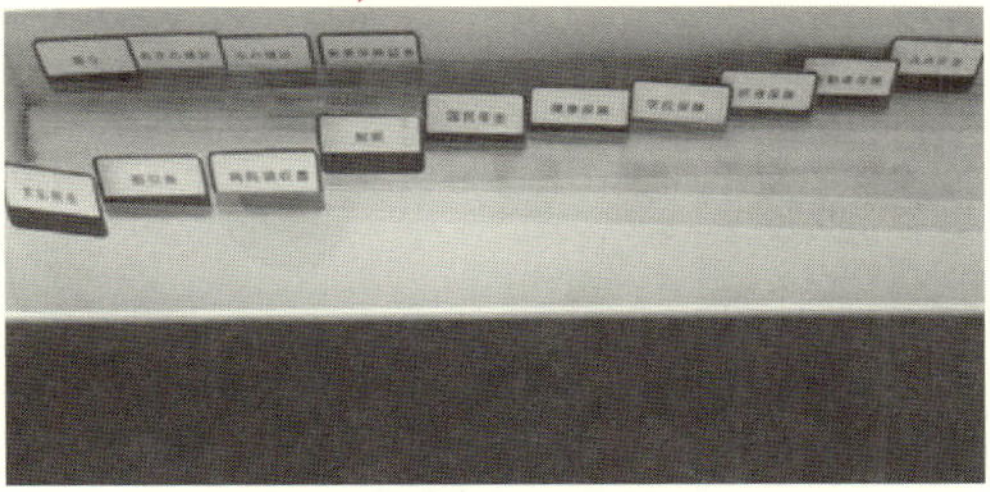

定期的に郵送されてくるものは、
クリアフォルダーへ

取り扱い
説明書

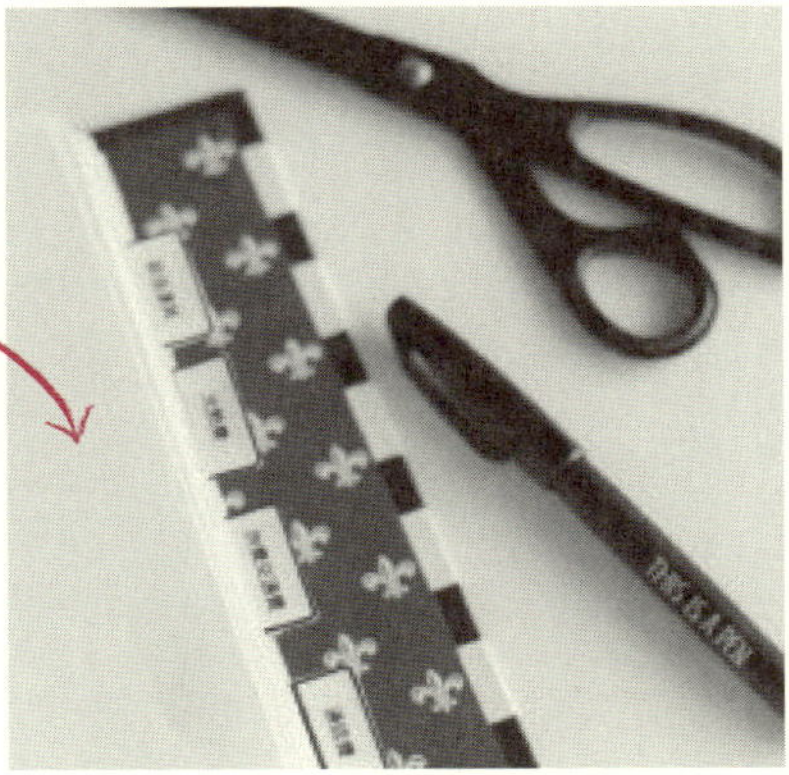

年間を通して保存しておくものは
Ａ４ファイルへ。
頻繁にみるものではないので、収納場所はリビング外へ

Ａ４ファイルの背表紙にラベリングして、
何がどこに入っているかわかるように
書類の住所を決めています

捨てられない！　子ども作品は、どう保管する？

子どもの作品は、

（1）持って帰ってきたら一度はコルクボードに作品を貼る
（2）新しい作品を持って帰ってきたら交換
（3）学期末・年度末までためる
（4）年度が変わるときに、「いる・いらない」を子どもに聞く
（5）「いるもの」は作品ファイルにしまう

というサイクルで収納しています。

子どもが作品を持って帰ってきたら、家族が必ず目にする場所、我が家では寝室に行くときに通る階段にコルクボードを吊り、絵を貼っています。

子どもの作品は、持ち帰ったら一度はコルクボードへ！
新しい作品を持ち帰ったら交換

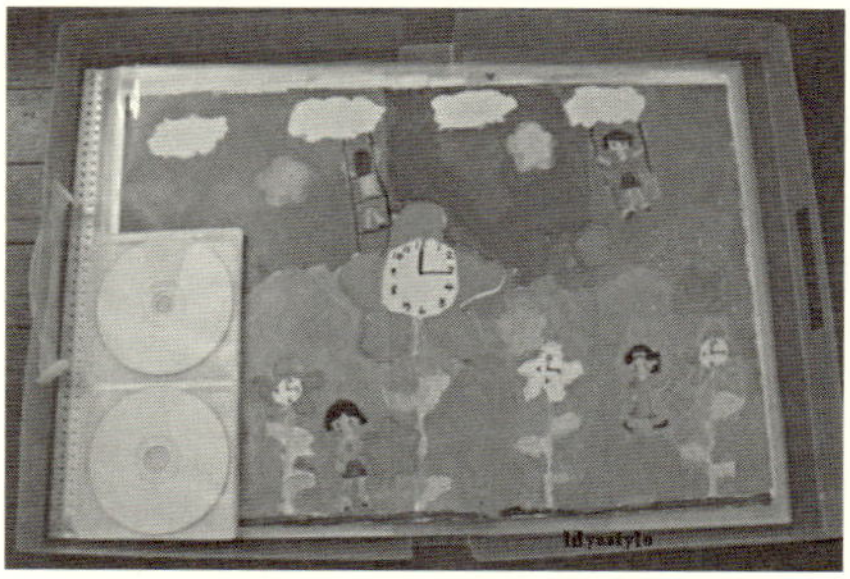

「いるもの」「残したいもの」は作品ファイルへ
処分した作品は写真に撮って、
DVDで保存するのもオススメです

子どもが持って帰った作品を、あとで見ようと、丸めたまま部屋の隅に置きっぱなしにしていませんか？　子どもは作品をちゃんと見てもらえないと心が満足しません。

持って帰ってきたら一度は貼り、「こんなの描けるようになったの？」と声かけをしてあげると、それだけで心が満たされます。

こうしていると、年度末に気に入った作品1、2枚以外は、「もう、とっておかなくてもいいよ」と、子ども自身で判断するようになります。

いるもの、残しておきたいものは、作品ファイルに入れて保存します。

DM／チラシ／情報誌は、リビングに持ち込まない！

「あとで見よう」は、絶対に見ない！　と私は自分の経験から断言できます。

あなたにも、覚えがありませんか？

DMで届いたチラシやパンフレット。「なんだか素敵そう」「お得そう」「欲しい情報が載っているかも」……と考えて、ちょっと棚に置いたり、引き出しに放り込んだり。「あとで見よう」と思って、そうするわけですが、「あとで」は、いつまでたってもやってきません。

私はポストからとってきたDMで必要ないものは、リビングに入れないように、玄関近くのゴミ箱に処分しています。

ほんとうに必要な情報は、そのDMを見た瞬間であることが多いです。

欲しい情報を切り抜いたり、電話番号を手帳にメモしたりと、アクションは、必要と思ったそのときに、すぐやるようにしてください。

ＤＭやチラシ、情報誌をあとで見ようと、ダイニングテーブルの上に積み上げないこと。これがリビングに紙類があふれる原因なのですから。

＊事例1

ＤＭ、保険の書類、仕事の書類、子どもの学校関係書類などがダイニングテーブルを占領しているので、ごはんをテーブルで食べることができない。

テーブルは、ものが積まれて小山のようになっている。そこには、書類だけでなく、食パン、食べかけのお菓子、文房具、メイクセット、タオル、アクセサリーなど、使ったもの、買ってきたものをつい、テーブルに上に置くクセがあるようだ。

テーブル上の書類を「いるもの」「いらないもの」に分け、「いらないもの」は処分し、お菓子はお菓子ケースに、コスメは洗面所に。そのほかのものも、定位置をつくって、そこにもどすようにしたら、ダイニングテーブルの上がスッキリ。

「やっと、ここでごはんが食べられます、久しぶりにテーブルの上に何もない状態を見ました」と、とても喜ばれていました。

＊事例2

冷蔵庫に子どもの作品、学校行事のお知らせ、ゴミ収集日のお知らせ、はがき、給食の献立、レシピ、メモ、ランチで行きたいお店の切り抜き、光熱水費明細など、ありとあらゆるものを貼っていた女性。冷蔵庫を開け閉めするたびに、マグネットがはずれて書類がボトボト落ちてくるので、そのたびにイライラ。子どもにもつい当たってしまって自己嫌悪な毎日。

冷蔵庫に貼っていた書類をすべてはずし、期限や頻度で分類。それぞれの定位置に移す。慣れるまでは、書類をどこに置くか考え込んでいたが、いまは来た書類を見ただけで、置く場所がわかるのでとても簡単。

「あの毎日イライラしていたのがウソのよう！　冷蔵庫に何も貼っていないことが、こんなにスッキリ気持ちがよいものなんだと、やっとわかりました」と笑顔で言われていました。

＊事例３

とにかく多趣味で、趣味ごとに資格をとったり、レシピや教材があるので、部屋中、趣味関連のもので溢れていました。

いちばん場所を占《し》めていたのが、以前の仕事の資料。おそらく、もうその仕事にはもどらないので、必要ないけど、「思い出があるから捨てられないんです」と小さな声で話してくれました。

取扱い説明書やカード明細、ＤＭなども、やはり部屋のあちこちに溢れていました。それを片づけながら、「どうしてもう使わない前職の資料が処分できないのか」ということについて、いろいろお話を聞くうちに、いまの仕事に不満があることが判明。

「元の仕事にはもどらないけど、職場の人間関係はよかったので、その頃のことが忘れられないんです」という彼女でしたが、過去にはもどれないし、もうその仕事のやり方も変わってしまっているであろうことは、わかっています。そこに執着《しゅうちゃく》している限りは、前には進めません。

「いま目の前の仕事を一生懸命やることで見えてくるものがあるのでは？」という話をしながら、部屋の片づけが終わる頃には、スッキリしたようで、「前職の資料は捨てます」と自分で処分されました。

部屋がキレイになるのとともに、手放す気持ちよさを実感できたからか、自分で納得して過去の楽しかった思い出が詰まった資料に、さよならできたようです。

＊紙・書類整理において大切なこと

□「やること」と「やらないこと」を決める

□書類は「ちょっと置いておこう」「あとで見よう」が散らかる原因

□書類は積み上げない。立てて保管が基本

□面倒くさいと放置すると、あとあと何倍にもなって返ってくる

手元にある書類をすべて管理しようとせず、とっておく目的を明確にすることで、不要

な書類を整理する手間が省けます。

自分は、何をやって何をやらないのかを決めることも大切なことです。

そうすれば、やらないことに関するものは処分することができます。

なにより、そうしているうちに、自分が本当に好きなこと、したいことがはっきりしてくるかもしれません。

片づけることで、できた余裕の空間には、新しいものが入っていきます。

片づけは、そのためにあるといってもいいのです。

片づけ上手になるための
5つの鉄則

1　過激で短時間の片づけはリバウンドの元！

片づけとダイエットは似ている。いきなり広い場所を一気に片づけようとしても、結局リバウンドしてしまう。まずは、バッグという小さな場所から始める。そこから自分が片づけできる範囲を広げていけばよい。

2　いつか、いつかは永遠にこない！

いつか使うかも、いつか着るかものいつかは永遠にやってこない。

3　いきなり収納用品を買わない！

女性は特に、片づけしようと思ったら、すぐに収納用品を買いにいってしまう。まず最初にやることは、出して選ぶこと。そうすれば、使いにくい、場所に合わないという、収納用品購入のムダが減る。

4　便利グッズやダイエットグッズを持つことだけで安心しない！

便利お掃除グッズ、洗剤、痩身グッズ、美容グッズ……購入することだけに満足してしまい、使っていないことが多い。買う前に本当に必要かどうか、自分が使いこなせるかどうか、いま一度考える癖をつける。

5　収納は日々成長する！

一度つくったら終わりではなく、家族やライフスタイルの変化とともに、収納も成長していく。最初から完璧を目指さない。使う人や人数が変われば、収納する場所も変わってくる。

おわりに
部屋を整理したら、心も体も一緒にスッキリ整った

美収納コンシェルジュとして、いろんなお家に伺って、いろんな方にお会いして気づいたのは、皆さんがとにかく自信がないということでした。

「家の中を片づけられない」

「生活がきちんとできない」

「増やすばかりで、ものを捨てられない」

「私はダメ人間、人間失格……」

と自分を責めるばかりです。

「はじめに」でも書いたように、私も産後うつからのひきこもり、汚部屋生活で同じような思いをしてきたので、つい自分を責めてしまう気持ちは痛いほどわかります。

「責めるな」といっても、無理なんです。

気持ちがわかるからこそ、「もっと心を前向きに！」なんていう言葉をかけることができませんでした。

ですので、ゆっくり話を聞き、気持ちを受けとめ、ほんとうはどうしたいのか、内から溢れる声を聞くようにしました。

それだけで皆さんの気持ちがほぐれていくようでした。


片づけられない人の多くは、外に外に自分の居場所や幸せを求めがちです。

でも、やってもやっても虚《むな》しさや、空虚感《くうきょ》が残り、結局何も見つけられない。

なぜなら、物事のすべての基本は、毎日の生活や身のまわりの暮らしにあるからです。

毎日暮らす空間、生活を整えることで、心を健康な状態に保つことができます。


お部屋の状態＝心の状態とつながっています。

自分のよりどころとなる生活が整ってくると、心も体も整います。

しっかりとした軸が自分の中に出来上がります。

この軸は少々のことが起こっても揺《ゆ》るがない、強固なものになります。

それくらい、毎日生活する場所から受ける影響というのは大きいのです。


自分を変えたい、生活を変えたい、なにかしらそうした思いがあるときは、家の外ではなく、まず中を見つめ直してください。答えは外ではなく必ず中にあるのですから。


ブログから発信を始めた私の片づけ収納法ですが、ありがたいことに、ブログは元より、セミナーを通じてもたくさんの方にお話しする機会をいただいています。

片づけに関して、苦手意識を持たれる方は、たくさんいらっしゃいます。

この本が、片づけを大げさにとらえず、まず身近なところから始めてみようという、きっかけづくりのお役に立てれば幸いです。

美収納コンシェルジュ
園藤ふみ

‖著者紹介

園藤ふみ（えんどう・ふみ）

美収納コンシェルジュ

福岡で個人宅の整理収納サービスを提供、行政や企業の収納セミナーを多数担当。現在までの受講者数は約3,500名、依頼や紹介リピートで伺ったお家はのべ600軒。企業での収納法の提案も手掛ける。

元汚部屋出身。出産後体調を崩し産後鬱に。3年間の引きこもりと、汚部屋生活を経験。

片づけが苦手だった自分が、汚部屋から脱出できたことが大きな自信につながり、自宅での収納術、暮らしをブログで綴るうち、地元情報番組や雑誌でとりあげられるようになる。汚部屋出身でも、やり方さえわかれば、片づけ上手になれる。収納がうまくいけば、家事、育児、掃除、料理すべてがうまくまわりだす。「美収納で家事は9割うまくいく！」がモットー

がんばらない家事のススメ　ブログ
http://ameblo.jp/lilysstyle
ホームページ
http://www.bisyuno.jp

著者エージェント　アップルシードエージェンシー
http://www.appleseed.co.jp/

男前収納でキレイになる片づけのコツ
「バッグ」の中から始める「自分」と「部屋」の美人化戦略

2015年11月1日　第1刷発行

著　者　　園藤ふみ

発行者　　櫻井秀勲
発行所　　きずな出版
東京都新宿区白銀町1-13　〒162-0816
電話03-3260-0391　振替00160-2-633551
http://www.kizuna-pub.jp/

装　幀　　中村美紀
印刷・製本　モリモト印刷

©2015 Fumi Endo, Printed in Japan
ISBN978-4-907072-44-5

きずな出版

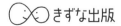

好評既刊

感情に振りまわされない―
働く女《ひと》のお金のルール
有川真由美

年齢を重ねるごとに、人生を楽しめる女（ひと）の秘訣とは―将来、お金に困らないための「戦略」がつまった、働く女性のための一冊。

本体価格 1400 円

よわむしの生き方
必要な人になる 50 のルール
有川真由美

傷つくのが怖い、だけど自分らしく生きていたい！弱さを知っているからこそ強くなれる、自分の場所で幸せに暮らす方法。

本体価格 1300 円

女性の幸せの見つけ方
運命が開く 7 つの扉
本田健

累計600万部超のベストセラー作家・本田健の初の女性書。年代によって「女性の幸せのかたち」は変わっていく―。女性を理解したい男性も必読の 1 冊。

本体価格 1300 円

ファーストクラスに乗る人の人脈
中谷彰宏

誰とつき合うかで、すべてが決まる―。一流の人には、なぜいい仲間が集まるのか。人生を豊かにする「人脈」のつくり方の工夫がつまった 1 冊。

本体価格 1400 円

「こころの力」の育て方
レジリエンスを引き出す考え方のコツ
精神科医　大野裕

大切なのは、こころが折れないことより、折れても復活できる力を育てること。それが、「レジリエンス＝逆境から立ち直る力」です。

本体価格 1300 円

※表示価格はすべて税別です

書籍の感想、著者へのメッセージは以下のアドレスにお寄せください
E-mail：39@kizuna-pub.jp

きずな出版
http://www.kizuna-pub.jp